KB265993

집은 중립적이지 않다

집은 중립적이지 않다

집은 중립적이지 않다

초판 1쇄 2026년 3월 31일
지은이 서윤영
편집기획 북지육림 | **디자인** 페이지엔 | **종이** 다올페이퍼 | **제작** 명지북프린팅
펴낸곳 지노 | **펴낸이** 도진호, 조소진 | **출판신고** 2018년 4월 4일
주소 경기도 고양시 일산서구 강선로 49, 916호
전화 070-4156-7770 | **팩스** 031-629-6577 | **이메일** jinopress@gmail.com

ⓒ 서윤영, 2026
ISBN 979-11-93878-39-2 (03900)

이 책의 내용을 쓰고자 할 때는 저작권자와 출판사의 서면 허락을 받아야 합니다.

- 잘못된 책은 구입한 곳에서 바꾸어드립니다.
- 책값은 뒤표지에 있습니다.

서윤영 지음

집은 중립적이지 않다

도무스에서 아파트까지, 사람이 살아온 공간의 세계사

프롤로그

나는 이 책을 벚꽃이 지던 계절에 시작하여 매미가 우는 한여름까지 신설동에 마련된 작업실에서 썼다. 작업실이 있는 동네는 내가 초등학교를 다녔던 곳이기도 해서 저녁 무렵에 산책을 하다 보면 옛날 일들이 떠오른다. 이곳은 1920~1930년대 새로 개발된, 당시로서는 동대문 밖의 새로운 주거지로 개량한옥들이 늘어서 있었다. 일제강점기라서 문화주택이 지어지고 새로이 등장한 집장사들이 신설동, 보문동 등지에 개량한옥을 지어 팔았다. 그 집들이 1970~1980년대까지 남아 있어 친구들이 사는 집은 거개가 한옥이었다. 짙은 회색의 지붕을 ㄷ자 형태로 맞대고 있던 한옥들은 어느새 빌라나 1층에 상점이 마련된 상가 주택으로 변해버리고 말았다.

한편 내가 사는 아파트에서 10분 정도 걸어가면 초등학교 시절 내가 살던 집이 여태 남아 있다. 한옥집에 빗대어 양옥집이라 부르던 불란서주택이다. 예전에 이 동네는 집장사들이 지은 양옥집들이 늘어서 있었는데, 마당 딸린 불란서주택들은 이제 하나둘 사라지고 그 자리엔 다세대 주택들이 들어서 있다.

그뿐이랴. 대학 시절에는 부모님이 서울의 아파트를 팔아 용인에 집을 짓고 이사를 내려갔다. 1920~1930년대 조성된 개량한옥, 1970년대 집장사가 지은 불란서주택 그리고 1990년대의 전원주택까지, 내 삶의 궤적은 우리나라의 전반적 주거사에서 벗어나지 못했다. 그렇다면 어머니, 아버지가 어린 시절에 살던 집과 할아버지, 할머니가 살던 집까지 거슬러 올라가면 100년 전, 200년 전 주택은 거뜬히 만날 수 있을 것이다. 그리고 이 역사를 더 거슬러 올라가면 어떤 집들이 있을까? 관광객은 이탈리아 로마에 가서 콜로세움과 판테온을 관람하고 올 뿐이지만 당시 사람들이 살던 집은 어떠했을까? 프랑스 파리의 관광객은 루브르 궁전과 베르사유 궁전을 보고 올 뿐이지만, 그 당시 사람들은 어떤 집에서 살았을까? 이 책은 바로 그런 사람들의 이야기이다.

재작년부터 오피스텔을 작업실로 사용하고 있는데, 이곳이 '오피스'라는 말이 무색하게 1~2인 가구들을 위한 사실상의 주택이나 다름없다는 것을 알게 되었다. 출근시간이 되면 다들 썰물처럼 빠져나갔다가 저녁이 되면 치킨과 피자를 배달하는 기사들로 엘리베이터 홀이 혼잡하다. 내가 어릴 때 살던 불란서주택, 친구들이 살던 개량한옥, 전원주택에서 다시 아파트와 오피스텔로, 개인의 짧은 인생에도 이렇게 많은 주택이 등장하는데, 인류의 역사를 통틀어보면 또 얼마나 많은 주택이 있었을까. 이 책은 그에 대한 이야기이다.

차례

1장

로마의
도무스 주택

고대 로마의 일상생활이라고 하면 흔히 향락과 퇴폐문화가 떠오른다. 그중 연회문화가 유명한데, 이미 많은 음식을 먹고도 또 새로운 음식을 먹기 위해 토하는 방까지 있었다는 이야기가 전해진다. 사실을 말하자면 토하는 방은 없었고, 다만 로마의 연회문화가 과장되면서 나온 억측일 뿐이다. 대신 로마의 대저택에는 식당이 잘 갖추어져 있었다. 손님을 초대해 격식을 갖추어 식사하는 방으로 대개 한 집에 두세 개의 식당이 있었고, 무려 다섯 개의 식당이 있는 집도 있었다. 그렇다면 로마의 대저택에는 왜 이렇게 식당이 많았을까?

로마의 시작

남부유럽의 대부분을 지배하며 대제국을 이루었던 전성기 때와 비교하자면 로마의 시작은 미약했다. 전설에 따르면 기원전 753년 로물루스와 레무스 형제가 로마를 건국했다고 하는데, 역사상 그 시기의 로마는 이탈리아 중부 라티움 지역에 자리 잡은 작은 농업공동체였다. 당시 이탈리아에는 부족국가가 여럿 있었고 로마 주변에는 강대국이던 에트루리아가 있었다. 이 무렵 로마는 에트루리아의 영향을 많이 받아 초기 왕들은 대개 에트루리아 출신이었다. 그리고 이 에트루리아로부터 건축기술도 받아들였다.

에트루리아 주택은 한가운데 아트리움Atrium이라는 내부 중정을 갖는다는 특징이 있다. 내부 중정이란 가회동이나 북촌 등지에서 볼 수 있는 ㅁ자 한옥처럼 가운데 생기는 안마당이다. 일반적으로 도심에 고밀이 진행되면 거리에 대해 프라이버시를 확보하면서, 기본적인 면적을 유지하고 채광을 확보하기 위해 내부에 안마당을 갖는 중정주택의 형태가 등장한다. 우리나라에서는 일제강점기 서울 지방을 중심으로 ㅁ자 한옥이 나타났지만 유럽에서는 일찍부터 생겨 꾸준히 명맥을 이어왔다. 에트루리아는 기원전 8~기원전 3세기에 번성했고, 그 시절 이미 중정주택이라 할 만한 아트리움 주택이 생겨나 로마에 영향을 주었다.

로마의 귀족주거는 도무스Domus라 불렸는데, 이는 하우스House라는 의미였다. 초기 로마에는 내부에 하나의 중정을 갖는 에트루리아식 아트리움 주택이 주류를 이루었다. 이는 집 한가운데 한 개의 중정이 있고 그 중정을 중심으로 방들이 배치된 구조이다. 북촌 한옥에서 안마당에 우물이나 수돗가를 두었듯이 당시 아트리움 주택에서는 중정 한가운데에 빗물을 받기 위한 수조를 두었고, 그 물은 주택에서 생활용수로 사용했다. 하지만 2~3세기에 로마가 점차 부강해지면서 헬레니즘의 영향을 받는다. 주택 역시 영향을 받아 페리스타일Peristyle이라는 또 하나의 중정을 더 갖추면서 전성기 때 로마 도무스는 아트리움과 페리스타일이라는 두 개 중정을 가진 집으로 발전한다. 평면은 두 개 중정이 나란히 맞붙어 日자형으로 나타난다. 가회동 한옥과 아트리움 주택이 하나의 중정을 갖는 ㅁ자 주택인 데 비해 日자형 도무스 주택은 두 개 중정을 갖는 것이 특징이다. 이때 두 개의 중정은 크기와 성격, 형태가 서로 조금 달랐다. 앞쪽에 자리 잡은 아트리움이 간단하고 강건한 형태라면 뒤편에 있는 페리스타일은 헬레니즘의 영향을 받아 넓고 화려했다. 특히 페리스타일의 수조 주변으로 기둥이 여러 개 박혀 있어 훨씬 화려하고 우아한 분위기를 풍겼다. 그렇다면 도무스 주택의 내부에는 구체적으로 어떤 방들이 있었을까.

팍스 로마나 시절, 이른바 제국 전성기 때의 로마는 상

도무스 주택의 내부 구조. 앞뒤로 길쭉한
구성이며 앞에는 아트리움, 뒤에는
페리스타일이 마련되어 있다.

(도판출처: World history encyclopedia)

업도시로 크게 비대해지고 있었다. 그래서 도무스 앞쪽의 방들은 상점으로 만들어 세를 주었는데, 이를 타베르나Taverna라고 불렀다. 타베르나가 없는 경우라면 외부로 창을 거의 내지 않는 매우 폐쇄적인 구조를 취했다. 출입구는 포르타Porta라고 불렀는데 말 그대로 정문이라는 뜻이다. 지금도 우리가 기업이나 회사의 홈페이지를 방문했을 때 가장 처음 접하는 곳을 포털portal이라고 하는데, 그 어원은 정문이라는 뜻의 포르타이다. 포르타에는 문지기 노예가 상주하는 경우가 많았고 여기를 지나면 곧바로 아트리움이 나왔다. 아트리움 중앙에는 천장이 뚫려 있고, 비를 받는 임플루비움Impluvium이라는 수조가 있어 생활용수로 사용했다. 아울러 이곳에는 조상의 흉상이나 가면이 전시되어 일종의 가족 사당의 역할을 하기도 했다.

그리고 아트리움에 면한 방들은 대개 알라Ala라고 불렀는데 노예들의 방, 접견실 등으로 사용했다. 그중 가장 중요한 방은 가장의 서재이자 집무실이라 할 수 있는 타블리눔Tablinum이다. 도무스의 주인인 도미누스(가장, 주인)가 주로 시간을 보내는 방으로, 집안 대대로 내려오는 족보와 문서를 보관하기도 했다. 이 타블리눔을 지나면 안쪽의 중

도무스의 아트리움. 빗물을 받는 수조가
있어 생활용수로 사용했다.

(도판출처: World history encyclopedia)

정이라 할 수 있는 페리스타일이 나왔다. 마치 우리의 전통 사대부가가 안채와 사랑채로 나누어졌듯이 도무스도 보다 공적인 아트리움 영역과 사적인 페리스타일로 나누어져 있었다. 페리스타일은 화려하게 꾸며졌는데, 이곳에서 가장 크고 중요한 방은 트리클리니움Triclinium이라 불리는 식당이었다.

우리는 현재 식당이라고 하면 한식당이나 양식당처럼 외부에서 밥을 사 먹는 상업시설을 의미할 뿐 주택 내부에 식당이 있는 경우는 드물다. 40~50평형대의 중대형 아파트라 해도 식당이 독립된 방으로 따로 있기보다 주방 한편에 놓인 식탁으로 대체되는 경우가 많다. 하지만 고대 로마의 도무스에서 가장 중요한 방은 트리클리니움이라는 식당이었고, 이는 주택 내에서 가장 크고 화려한 방이었다.

트리클리니움, 연회가 벌어지던 곳

도무스에서 가장 중요한 방이 트리클리니움이었다는 말은 로마 사회에서 식사가 매우 중요했다는 방증이다. 이때의 식사란 가족끼리 둘러앉아 먹는 일상의 식사가 아닌, 손님을 초대해 환대하고 접대하는 연회를 말하는데 주택 내에서는 연회가 자주 벌어졌다. 요즘도 우리가 사회생활을 하면서 "밥 한번 먹자"라는 말을 자주 하듯이, 모임은 대개 식사를 곁들이는 경우가 많다. 직장인도 친목을 다지기 위해 회식을 자주 한다. 이런 일은 대개 집 외부에 마련된 식당에서 하지만, 로마 시대에는 이 모두를 집에서 직접 했다.

일주일에 두세 번 열리는 것이 일상이었고 이를 위해 트리클리니움이 마련되어 있었다. 이곳에 초대된 손님들은 영화에서 흔히 본 대로 침대의자에 비스듬히 누워 식사했다. 보통 왼쪽 팔꿈치를 대고 기대앉아 오른손으로 음식을 집어 먹었다. 트리클리니움에는 세 개의 침대의자를 ㄷ자로 놓곤 했는데, 이보다 더 많은 손님이 오면 손님 수에 맞추어 침대의자를 놓아야 했다. 적게는 세 개, 많게는 예닐곱 개까지 놓아야 했으니 식당의 크기는 커질 수밖에 없다. 침대의자는 놓이는 위치에 따라 서열이 존재했는데, 가장 좋은 자리는 가운데 놓인 것이었다. 트리클리니움 한가운데는 식사용 탁자인 멘사Mensa가 놓여 있었다. 오늘날 지능이 매우 우수한 사람들이 모인 '멘사 클럽'이 여기서 따온 말이다.

식당 벽에는 벽화를 그리고 바닥에는 모자이크 장식을 해 화려하게 치장했다. 바닥 모자이크로 가장 인기 있는 소재는 바다 관련 이미지나 물고기 그림이었다. 연회에 초대된 손님들은 실컷 먹고 마시며 발라낸 생선뼈를 바닥에 그대로 버렸던 것으로 추정된다. 바닥 모자이크 중에는 먹고 버린 생선뼈의 그림이 많았기 때문이다.

벽화와 모자이크의 소재로 생선이 많았던 것은 페리스타일과 트리클리니움이 해양문화권인 헬레니즘의 영향을 받았기 때문이다. 한편으로 생선이 육류보다 세 배가량 비쌌던 이유도 한몫했다. 로마의 부유한 도무스에는 이러한 식당을 두 개나 갖춘 집이 많았다. 여름용과 겨울용으로 구분해 사용하거나 손님이 많이 왔을 때와 적을 때로 구분해 사용했다. 로마의 대형 도무스는 폼페이에 유적으로

도무스의 페리스타일. 아트리움보다 훨씬
크고 우아한 구성을 하고 있다.

(도판출처: World history encyclopedia)

많이 남아 있다. 발굴된 유적 중에는 한 집에 다섯 개 식당이 있는 경우도 있다. 아마도 계절별로 크기별로 구분해서 사용했을 것이다. 그렇다면 로마에는 왜 이렇게 손님초대가 많았을까?

로마의 가족은 도미누스dominus라 불리는 가장, 도미나domina라 불리는 안주인, 두세 명의 자녀 외에 많은 노예가 포함되어 있었다. 부부와 자녀로 이루어진 직계 가족 외 노예까지 모두 포함하여 파밀리아familia, 즉 가족이라 불렀다. 여기에 더해 로마의 특이한 풍습인 보호인과 피보호인 관계가 있었다. 유력 가문의 도미누스는 보호인이 되고 그의 보호를 받는 많은 피보호인을 거느렸다. 그렇다면 누가 피보호인이었을까?

우선 공직에 나가고 싶어 보호인이 연줄을 대어줄 것을 기대하는 사람이 피보호인이 되었다. 둘째로 이래저래 넓은 인맥이 필요한 사업가도 피보호인이 되었다. 셋째로 가난한 시인과 철학자도 무언가 떡고물이 떨어지기를 기대하며 피보호인이 되었다. 말하자면 조선 시대 유력가문의 사랑채에 수많은 식객이 머물던 것과 비슷하다. 적게는 수십 명에서 많게는 수백 명에 이르는 피보호인들이 아침마다 자신의 보호인에게 문안을 드리기 위해 길게 줄을 섰다. 그렇게 문안을 드리던 장소가 아트리움이다. 문안을 하고 나면 피보호인은 인사치레로 약간의 돈을 받았는데, 가난한 시인과 철학자에게는 제법 쏠쏠한 수익이었을 것이다.

한편 이들 중에서도 보호인이 특별히 중요하다고 생각하는 사람들은 연회인 저녁식사에 초대되었다. 이처럼 로마 사회 특유의 보호인-피보호인 관계가 반영된 공간이 아트리움과 페리스타일 그리고 트리클리니움이었다. 마치 사랑채와 안채의 구분처럼, 아트리움이 도미누스가 생활하는 보다 공적인 장소라면, 도미나와 아이들이 생활하는 페리스타일은 보다 사적인 영역이었다. 당연히 오전의 아트리움뿐 아니라 저녁의 트리클리니움에까지 초대된다면 큰 영광이었다.

트리클리니움에서 연회가 벌어질 때면 도미나와 아이들은 출입이 제한되는 경우가 많았다. 초대받은 손님들은 주로 남자였으며 이들은 평상복이라 할 수 있는 튜닉 위에 예장용 겉옷인 토가를 입고 방문했다. 식사 시에는 노예들이 시중을 들고 와인이 곁들여졌는데 주로 물에 희석

하여 마셨다. 연회는 2~3시간 진행되며 취하도록 먹고 마셨다.

한편 트리클리니움 옆에는 도미나의 영역이라 할 수 있는 오에쿠스Oecus가 있었다. 이는 가족거실이자 여주인의 손님맞이 방이다. 그리고 엑세드라Exedra가 있었는데, 공적인 영역에서 조금 물러나 휴식공간으로 사용되는 곳이다. 원래 그리스 건축에서 생겨난 공간인데, 로마에서는 보다 일상적인 생활공간으로 사용되었다. 보통 벽면이 반원형(혹은 장방형)으로 되어 있고, 벽면을 따라 석조 벤치를 두기도 했다. 반원형 천장을 갖춘 경우도 있었다.

그 외 나머지 방들은 흔히 쿠비쿨룸Cubiculum이라 불리는 침실이었다. 쿠비쿨룸은 육면체라는 뜻이다. 네 벽과 바닥, 천장을 갖춘 육면체의 방이라면 대개 쿠비쿨룸이라 불렀다. 끝으로 가정과 집안의 수호신인 라레스를 모신 작은 신전으로 라라리움Lararium이라 불리는 제단이 있었다. 신전이라고 큰 방인 것은 아니고 페리스타일 근처 벽면에 자리 잡은 작은 공간이다. 지금도 종교에 따라 불단이나 성모상을 모신 테이블이 가정에 있듯이 매일 아침에 가장이 향을 피우거나 제물을 바쳐 예배를 드렸고 생일, 결혼,

도무스의 내부 구성. 각 방마다 벽화를
그렸으며 작은 신전 모양의 구조물은
가정신을 모시는 라라리움이다.

(도판출처: World history encyclopedia)

출산 등 중요한 일이 있을 때도 기도와 제사가 이루어지던 곳이었다. 그리고 뒤편으로 가면 널찍한 정원과 텃밭이 있었다.

도무스는 로마 사회를 거울처럼 비추고 있다. 로마는 엄격한 가부장제 사회였고 그것은 가장의 공적인 영역인 아트리움, 아내의 사적인 영역인 페리스타일로 양분되어 있었다. 그리고 가장의 권위를 직접적으로 보여주는 방이 타블리눔이다. 로마는 귀족 중심의 계층 사회였고 그 핵심을 이루는 귀족만이 도무스에 거주할 수 있었다. 공간구성을 살펴보면 아트리움과 페리스타일, 트리클리니움 등 접대 영역이 크게 발달했고, 사적 영역인 쿠비쿨룸, 즉 침실이 차지하는 비중이 낮았다. 일반적으로 상류층 주거로 갈수록 사적인 침실을 제외한 공적인 영역, 접대영역이 크게 발달하는데, 로마의 도무스 역시 그러한 구성을 따른다. 로마 사회의 독특한 보호자-피보호자 관계에 따른 매일의 아침 문안은 아트리움에서 했다. 오늘날의 시각으로 보면 지나치게 비대한 아트리움과 몇 개의 트리클리움이 이상해 보이겠지만 독특했던 로마 사회의 특징을 담은 그릇인 셈이다. 내부 중정을 가진 로마의 도무스는 로마 멸망

후 잊히는 듯했지만 이후 중세 시대의 귀족주거인 팔라초
에 영향을 미친다.

2장

로마의 아파트,
인술라

요즘 우리나라는 대도시뿐 아니라 소도시 어디에도 아파
트가 많다. 실제로 단독주택에 거주하는 사람은 점차 드물
어지고 대신 아파트에 거주하는 비율이 압도적으로 많아
지고 있다. 그런데 이는 2000년 전 고대 로마에서도 마찬
가지였다. 주택 가운데 단독주택인 도무스에 거주하는 비
율은 낮았고 대부분 사람이 아파트라 할 수 있는 인술라
Insula에서 살았다.

오늘날 아파트의 정의가 '고층의 공동주거'라면 인술라
도 마찬가지였다. 물론 요즘의 아파트처럼 20~30층 높이
가 아닌 6~7층이었지만 당시 로마에서는 상당히 고층이
었다. 그렇다면 2000년 전 고대 로마의 아파트였던 인술
라는 어떤 곳이었을까?

고대 로마의 시민

본래 로마는 작은 도시국가로 출발해서 포룸과 성벽 중
심의 제한된 시가지로 구성되어 있었지만, 이후 제국의 수
도로 크게 확장되었다. 아우구스투스 황제(기원전 27년~기

원후 14년 재위)는 행정 구획을 14개 지역으로 재편하면서
광장, 목욕장, 수도시설, 도로망 등 기반시설을 집중적으
로 건설했는데 이것이 인구증가의 원인이 되었다.

우선 전쟁포로로 인해 노예가 증가했다. 정복전쟁을 벌
이면 피정복민은 노예가 되는데, 전성기 로마는 곳곳을 속
주로 삼으면서 막대한 수의 노예가 생기고 그들이 도시
로 몰려들었다. 이들은 영원히 노예로 있지 않았다. 신분
이 해방되어 자유민이 되기도 했으며, 결혼하여 자녀를 낳
으면서 시민권이 생기기도 했다. 그리고 로마 특유의 대농
장 제도인 라티푼디움Latifundium이 확대되면서 시골의 소
농 계층이 붕괴하였고 이들이 품팔이라도 하기 위해 대도
시 로마로 이주했다.

한편 안노나Annona라 불리는 독특한 곡물배급제도가 있
었는데 이것도 인구증가의 원인이 되었다. 안노나는 일정
기준을 충족하는 로마 시민에게 무상으로 곡물을 배급하
는 제도로 주로 공화정에서 제정으로 전환하는 시기에 생
겨났다. 흔히 로마의 정치를 "빵과 서커스"라고 부르는데,
제정으로 바뀌는 과정에서 시민의 정치적 불만을 해소하
기 위해 무상으로 곡물을 배급한 것이다.

이렇게 되자 많은 사람이 로마로 몰려들었다. 로마 인구는 공화정 후기에 20만~50만 명이었는데, 한창 번영하던 제정기(1~2세기)에는 80만~100만으로 추정된다. 당시 로마는 세계 최대의 도시여서 땅값이 상승했다. 지대가 오르니 시내에 널찍한 도무스를 짓고 살기는 어려워졌다.

노예를 제외한 고대 로마의 시민은 귀족이라 할 수 있는 파트리키Patricii와 평민인 플레브스Plebs의 두 계급으로 나누어졌다. 이 중 파트리키는 로마의 유력자이자 지배 계층으로 널찍한 도무스에 살면서 아침에는 피보호인의 문안인사를 받고 저녁에는 트리클리니움에서 연회를 개최하는 이들이었다. 하지만 소수였고 로마 시민의 대다수를 차지한 플레브스는 그런 도무스에서 살 수 없었다. 대신 이들이 사는 곳은 인술라라 불린 공동주택이었다. 인술라는 로마시의 중심 포룸 인근이나 주요 상업거리 주변에 주로 있었다. 도무스는 상대적으로 조용하고 넓은 구획에 위치했으며, 인술라는 혼잡하고 밀집된 구획에 집중 배치된 것이 차이점이다. 로마제국이 번영을 누리던 2~4세기 수도 로마에는 도무스가 약 1800채였다. 반면 인술라는 약 4만 6000채가 있었다. 인술라는 공동주택이었고, 가

지금도 남아 있는 인술라의 유적. 1층에
마련된 큰 창은 상점으로 사용되었던
것을 보여준다.

로마 인술라의 모형. 로마 시대 시내에
만연했던 인술라는 요즘 시각으로 보면
상가주택과 비슷하다.

(도판출처: Wikimedia commons)

구 비율로 따지면 압도적으로 많은, 그야말로 로마의 대표 주거 형태였다.

인술라는 보통 6~7층으로 지어졌다. 1층의 거리와 맞닿은 부분에는 타베르나Taverna라 불리는 상점이 있었고 여기에 식당, 제빵소, 대장간, 술집, 이발소 등 다양한 업종이 세를 들었다. 주인이나 종업원은 바로 뒤쪽에 마련된 작은 침실에서 숙식을 해결하기도 했다. 그리고 타베르나 바로 위에는 복층이라 불리는 메자닌Mezzanine이 있었다. 이는 낮은 층고의 방으로 주인이나 상인이 거주하거나 창고로 이용하는 곳이었다. 층고가 낮아 채광은 좋지 않았으며 주로 사다리를 통해 올라갔다.

1층과 메자닌을 제외한 2층부터 꼭대기층까지는 주택으로 이루어져 있다. 인술라는 요즘 시각으로 보면 상가주택과 비슷했다. 오늘날의 아파트는 세대별로 개인 소유가 가능하지만 인술라는 개인 소유가 불가능하고 세대별로 임대만 가능한 셋집이었다. 한편 여기에도 로열층이 있었으니 상가 바로 위층인 2층이 그랬다. 당시에는 엘리베이터가 없어 모든 층계를 걸어서 올라가야 했다. 그뿐 아니라 상하수도 시설도 마련되어 있지 않아 직접 물을 길어

들고 올라가야 했다. 그러니 되도록 덜 걸을 수 있는 2층이 로열층이었다.

임대료도 2층이 가장 비쌌다. 이러한 수요에 맞추기 위해 2층은 층고도 높을뿐더러 발코니가 마련되어 있었다. 3층은 2층에 비하면 검소했지만 그래도 살 만했다. 문제는 4층 이상이었다. 고층일수록 임대료는 내려가고 시설은 열악해졌다. 2~3층에는 옹색하긴 해도 부엌이 갖추어져 있었지만 4층부터는 단칸방이었고 부엌도 없었다. 계단은 고층으로 올라갈수록 좁고 가팔라졌으며 인테리어나 층고 등에서도 차이가 났다. 이런 곳에 부엌은 고사하고 욕실이나 화장실이 있을 리 만무했다. 그저 잠만 자고 나올 뿐 공중화장실을 이용했고 목욕은 시내 곳곳에 마련된 공중 목욕장을 이용했다.

심지어 오물이나 요강을 비울 때면 창문을 열고 가로를 향해 그대로 쏟아버렸다. 이렇게 비좁고 열악한 인술라 안에서 사람들은 그저 밤에 잠만 잘 뿐 낮 동안에는 광장과 거리에서 시간을 보냈다. 실제로 당시 로마에는 "가난한 사람들은 광장과 거리에서 지낸다"라는 속담이 있었고, 영화에서 묘사된 대로 로마 거리는 언제나 많은 사람이 들끓었다.

앞서 로마의 도무스에 대해 설명한 대로 상류주택에서 침실이 차지하는 비율이 낮고 연회나 접대를 위한 공간이 대부분을 차지했다. 이처럼 주택 내 공적 영역이 많은 것이 상류주택의 특징이고 그 반대의 경우가 하층민의 주거인데, 고층의 인술라가 그러했다. 식당이나 거실을 비롯한 변변한 공간 없이 주택 대부분은 침실이 차지했고, 공적 영역은 주거 외부의 광장과 거리에서 공용으로 해결했다. 이들을 위해서라도 로마 시내에는 공공목욕장이 있어야 했다.

로마의 정치를 흔히 "빵과 서커스"라고 하는데, 실제 로마에서는 빵과 서커스가 시민에게 무상으로 제공되었다. 정치적 무관심을 유도하기 위해서였다. 로마는 기원전 509년 건국 무렵부터 공화정을 유지해왔으나 기원전 49년부터 황제가 다스리는 사실상의 제정으로 전환된다. 그리고 기원전 14년 티베리우스 황제는 민회를 폐지하면서 이에 대한 회유책으로 시민들에게 밀, 올리브유, 포도주 등을 지급했고 원형경기장인 서커스에서 검투사 대회를 개최했다.

한편으로 대규모 공공목욕장을 지어 시민에게 제공하였으니, 이 모두는 황제가 시민에게 베푸는 시혜였다. 이런 시혜성 공공시설이 많이 지어졌으니 로마 시민은 서커스를 구경하고 목욕장에서 목욕하면서 한 칸짜리 인술라에서도 그럭저럭 살아갈 수 있었다.

로마 대화재

로마의 부유층들은 세를 받을 요량으로 도무스를 헐어 인술라를 짓고 일종의 부동산 투기까지 하여 문제가 많았다. 지금도 대도시의 오래된 동네에는 다가구주택 위에 옥탑방이 얼기설기 증축된 것을 볼 수 있는데, 비슷한 현상이 2000년 전 로마에도 있었다. 이미 지어진 인술라 위에 세를 더 받기 위해 불법 증축을 한 것이다. 인술라의 본체 건물은 벽돌과 콘크리트로 지어놓고 나중에 증축하는 부분에는 값싸고 가벼운 목재와 판자를 사용했다. 로마 시대에는 이미 포졸라나Pozzolana 화산재를 원료로 사용하는 콘크리트가 개발되어 있었다. 인술라는 고층으로 갈수록 생활이 열악했고 붕괴와 화재 위험도 있었다. 이러한 인술라의 불법 증개축을 막기 위해 황제들은 건축법을 통해 인술라의 높이를 제한하기도 했다.

아우구스투스 황제(기원전 27~14년 재위)는 시내에 짓는 인술라는 70로마피트 이내로 지으라고 명했다. 이를 현대의 미터 단위로 환산하면 20.7미터로 7층 높이 건물이다. 그렇다면 7층 이상의 인술라도 흔했다는 말인데, 일반적으로 도시가 비정상적으로 고밀해질 때 대형 화재가 일어나곤 한다. 아니나 다를까 64년에 로마 대화재가 발생했다. 때는 여름이었던 7월 18일 밤, 번화한 상업지대였던 서커스 막시무스 근처에 불길이 치솟았다. 화재는 6일간이나 지속되었고 로마 시내 대부분이 피해를 입었다.

다닥다닥 붙어 있던 고층의 인술라, 판자와 목재로 불법 증축된 부분들이 화를 키웠다. 당시 황제는 폭군으로 유명한 네로 황제였는데, 여름을 맞이하여 휴양차 로마 인근의 안티움Antium에 머물다가 화재 소식을 듣고 바로 로마로 달려와 화재 진압에 주력했다. 소문에 따르면 불타는 로마 시내를 내려다보며 하프를 타고 시를 읊었다거나 슬럼을 철거하려고 일부러 불을 질렀다는 이야기도 전해지지만, 모두 확인되지 않은 낭설이다. 실제 그는 화재 진압에 주력했다고 기록되어 있다. 다만 기독교를 박해하기 위해 화재의 원인을 기독교도의 탓으로 돌렸는데, 이것이 와전되었을 가능성이 크다. 네로는 화재 후 피난민을 위한 구호소 마련과 곡물 배급으로 대응했고, 또한 불타버린 로마를 재건하기 위해 체계적인 재개발을 실시하면서 몇 가지 원칙을 세운다.

우선 좁고 구불구불한 골목 대신 직선형의 도로망을 계획하여 도시 어디든 소방 마차가 진입할 수 있게 했다. 공공우물과 급수시설의 확보를 의무화하고 목조주택 대신 벽돌, 석재 등 내화성 재료의 사용을 권장하였다. 아울러 인술라의 높이는 70로마피트로 제한하고, 불이 옮겨붙는 것을 방지하기 위해 인술라 간에 10로마피트 이상 이격거리를 두어야 했다. 또한 공개공지를 확보하고 각 인술라에는 화재 시 이웃 세대로 대피할 수 있는 발코니를 설치해야 했다. 건축물의 높이제한, 이격거리와 공개공지 확보, 발코니 설치 등 지금도 지켜지고 있는 건축법이 이 시기에 확립되었다는 것이 흥미롭다. 아울러 높이 규정은 트라야누스 황제(98~117년 재위) 시기에 60로마피트로 강화되었다. 즉 17.7미터로 6층 높이 이상 지을 수 없게 된다.

한편 네로는 로마의 재개발 과정에서 자신을 위한 대규모 호화궁전인 도무스 오레아Domus Aurea(황금저택이라는 뜻)를 신축한다. 위치는 시내 중심부인 팔라티노 언덕과 에스킬리노 언덕 사이였는데, 전체 면적이 100헥타르로 당시 로마 시내의 1/4을 차지할 만큼 대규모였다. 도무스 내부에서도 가장 화려한 방에 화려한 벽화가 그려져 있었고, 그중 가장 중요한 방인 트리클리니움은 일명 '회전하는 식당'으로 알려져 있다. 천장이 회전하면서 향수를 뿌리는 기계장치가 있었기 때문이다. 또한 열탕과 냉탕이 있는 목욕장이 설치되었고, 정원에는 대규모 인공호수까지 있었다. 주변은 울창한 나무와 함께 짐승이 돌아다니는 대규모 정원으로 조성했다. 그리고 이 가운데에 네로 자신의 모습을 새긴 35미터 높이의 청동상colossus of Nero이 있었다.

하지만 폭군이었던 네로는 무리한 도무스 오레아 건축으로 민심을 잃고 실각한 와중에 사망한다(68년). 미완성인 도무스 오레아도 이후 부침을 맞게 된다. 베스파시아누스 황제(69~79년 재위)는 도무스 오레아의 중심부에 있던 인공호수를 매립하고 원형경기장을 지었다. 트라야누스

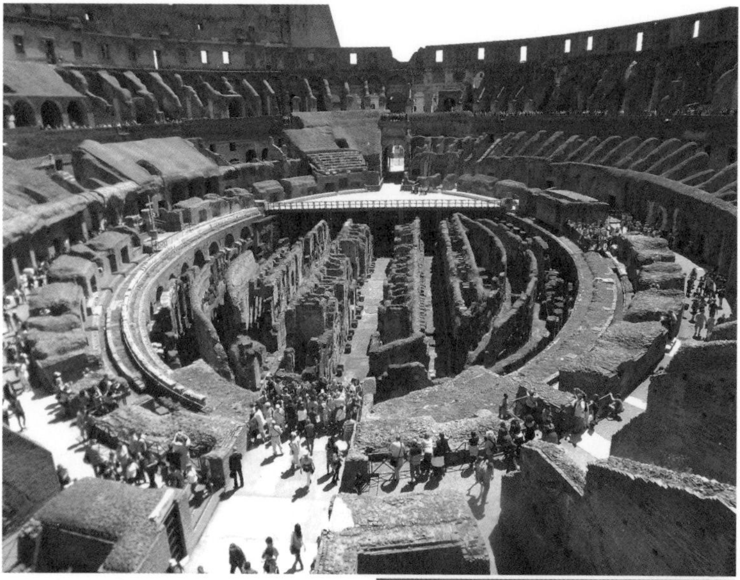

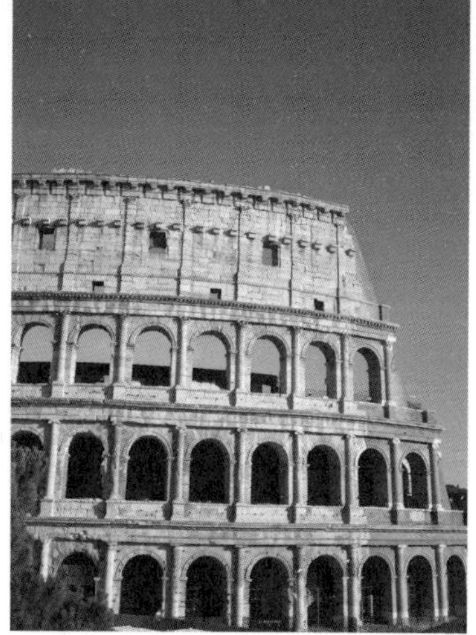

콜로세움 유적. 네로는 로마 대화재 이후 자신을 위한 황금궁전을 지었으나 실각 후 허물어지고 그 자리에 콜로세움이 지어졌다.

(도판출처: Pixabay)

황제(98~117년 재위)는 트라야누스 목욕장을 건설했는데, 그 과정에서 궁전은 본격적으로 매립되고 지붕은 토사로 뒤덮였다. 황제 하나만을 위한 호화궁전을 헐어 시민 모두를 위한 목욕장과 원형경기장을 짓는다는 정치적 제스처였다. 결과적으로 도무스 오레아는 완전히 지하에 매몰되어 망각되고 그 자리에 콜로세움이 지어진 것이다. 콜로세움의 유적은 지금도 남아 있는데, 경기장이 콜로세움이라고 불린 데는 네로의 동상, 즉 콜로수스가 있던 자리이기 때문이다.

3장

중세의
상인주택

로마가 멸망하고 유럽은 중세의 암흑에 묻혔다고 말하지만 이는 과장된 면이 있다. '중세의 암흑'이라는 말을 했던 사람들은 르네상스의 학자들로, 중세가 천 년 동안 암흑에 묻혀 있었다고 해야 르네상스가 더욱 빛나 보이기 때문이다. 중세 시대 유럽 대부분 지역은 봉건제가 지배하는 농촌이었지만, 그 어두운 가운데서도 등대처럼 솟아오른 건물이 있었으니 바로 성당이다. 성당의 높이는 엄청나서 프랑스 샤르트르 대성당Chartres Cathedral의 경우 바닥부터 외부 첨탑까지 높이가 115미터였고, 내부 천장의 높이는 약 37미터였다. 이는 약 12층 건물의 높이에 해당한다.

아미앵 대성당Amiens Cathedral의 내부 천장 높이도 약 42미터, 노트르담 대성당Notre-Dame de Paris의 내부 천장 높이는 약 33미터였으니, 실내의 천장고는 대략 11~14층 높이였다. 중세의 대성당은 이 시대가 과연 암흑 시대였을까 하는 의심을 품게 할 정도로 높고 화려하다. 성당이 그 정도로 컸다는 것은 그만큼 주변 인구도 많았다는 뜻인데, 그렇다면 그 많은 사람이 과연 어떤 집에서 살았을까?

중세의 자유도시

"도시의 공기가 나를 자유롭게 한다"는 중세의 속담을 들어보았을 것이다. 나를 자유롭게 하는 도시는 자유도시 free city, libera civitas, freie Stadt를 의미했는데, 이는 중세 유럽의 특징이기도 했다. 봉건제가 지배했던 중세 유럽에서 농촌에 산다는 것은 땅 주인인 봉건영주의 직접적이고도 예속적인 지배를 받는다는 의미였다. 하지만 중세 후기(11~15세기)의 자유도시는 일정한 자치권과 특권을 보장받은 도시 공동체였다. 자유도시의 시민은 봉건영주의 지배가 아닌 자체적인 법을 만들 수 있었고, 시 의회를 통해 정치에 참여할 수도 있어서 이후 근대 시민 사회의 기초가 되었다.

이러한 중세의 자유도시는 주로 상공업이 발달한 곳에서 부유한 상인과 수공업자가 중심이 되어 돈을 주고 자치권을 취득하는 경우가 많았다. 특히 신성로마제국, 이탈리아 도시국가들, 플랑드르 지방 등지에서 두드러졌다.

우리나라의 전통 도시들은 주로 도읍이나 도성이라 불리는 행정중심지가 대부분이고 상업도시는 극히 미미했다. 하지만 유럽의 도시는 부유한 상업도시들이 자치도시로 성장하는 경우가 많았다. 도시 한가운데에는 전체 높이가 100미터가 넘는 대성당이 있었고, 그 주변으로 상업도시답게 상인들의 주택이 이끼처럼 빼곡히 덮여 있었다.

상인주거의 특징을 한마디로 말하자면 세장형細長形 주거, 다시 말해 전면 폭이 좁은 대신 앞뒤로 길쭉한 형태의 주택이라 할 수 있다. 이는 도시가 고밀할수록 공통적으로 나타나는 특징이기도 하다. 지금 우리나라에서도 한적한 국도변의 상점과 서울 명동이나 강남과 같이 땅값이 비싼 동네의 상점은 모양새가 다르다. 원래 상점은 대로에 면하는 것이 중요하기 때문에 한적한 국도변의 상점은 거리에 면하는 전면 폭이 매우 넓은 것을 볼 수 있다. 하지만 강남이나 명동같이 땅값이 비싼 동네에서는 그렇게 전면 폭이 넓은 가게를 찾아보기 힘들다.

상점을 자꾸 분할해가면서 전면 폭은 좁아지고 대신 앞뒤로 길쭉해지는 가게가 생기게 되는데, 이러한 현상이 중세의 상업도시에서도 일어났다. 가게는 대로변에 면해야 장사를 할 수 있고, 대로변에 많은 가게가 입점하다 보니 전면 폭은 좁아지고 대신 후면 깊이가 길어져 앞뒤로 세장한 모양새가 된다. 이러한 가게들이 일렬로 늘어서 독특

중세 상인주택. 목골구조가 그대로
노출되어 있으며 1층에는 아케이드가
설치되어 있다.

지금도 남아 있는 중세 상인주택의
흔적. 좁은 골목을 끼고 세장한 형태를
취하고 있다.

(도판출처: Wikipedia, Pexels)

한 도시 경관을 형성하는 것, 이것이 중세의 세장형 주택이다.

내부 형태를 보면, 거리에 면한 1층 전면에 상점이 있고 뒤편 마당에 작업장과 공방, 부엌이 있으며, 2~3층에 침실이 있고 4층 다락에 물품을 보관하는 창고가 있는 형태였다. 중세의 상인들은 구두공방이든 빵집이든 자신이 직접 생산한 물품을 팔았기 때문에 1층에 공방 겸 작업장이 있었다. 그리고 가족의 침실은 주로 2층에 있었고, 3층에는 함께 일을 하며 어깨너머로 배우는 도제의 침실이 있었다. 중세에는 자신의 이름은 내건 상점의 주인인 장인이 있고 그 아래 일을 배우는 도제와 장색이 있었는데, 이들도 장인의 집에서 함께 생활했다. 당시 가족의 범위는 대개 도제를 포함하는 경우가 많았고 이들의 침실은 3층에 있었다. 그리고 4층은 물품과 원자재를 보관하는 창고로 사용되는 다락이었다. 이러한 세장형 주택은 입면의 처리 형식에 따라 박공주택과 아케이드 주택으로 나뉜다.

박공주택, 아케이드 주택

주택의 입면에는 처마면과 박공면이 있다. 처마는 지붕 방향과 평행한 면이고, 박공은 그 처마와 수직으로 만나는 면으로 흔히 삼각형 모양의 입면이 생기는 부분이다. 우리나라를 비롯하여 일본, 중국 등 동아시아의 가옥은 처마면이 앞면이 되는 전면처마형이 일반적이지만, 유럽에서는 박공면이 앞면이 되는 전면박공형이 널리 퍼져 있다.

처마는 자주 써서 익숙한 말이지만 그 반대인 박공은 생소할 수 있는데, 영미권에서는 오히려 박공gable이 흔히 쓰는 말이다. '빨간 머리 앤'으로 알려진 동화의 원제목은 '푸른 박공집의 앤Anne of Green Gables'이고, 너새니얼 호손의 '일곱 개의 박공이 있는 집The House of the Seven Gables'도 유명하다. 대신 동아시아에서는 박공 지붕이라는 말 자체가 생소하여 대신 '서양식 뾰족지붕'이라 할 정도로 박공주택은 곧 서양식 주택이라는 인상이 강한데, 그 유래가 중세 자유도시에서 상인들이 살던 박공주택이다.

중세 자유도시에서는 이런 박공주택들이 연이어 길게 늘어서 있었다. 특히 북유럽의 도시들은 동화책 속의 그림이나 사진엽서에 흔히 나오는 대로 삼각형의 뾰족지붕들이 연이어져 독특한 경관을 형성했다.

일반적으로 중세의 자유도시들은 크게 북유럽 지방의 한자동맹 도시와 이탈리아를 중심으로 한 남부유럽의 도시들로 양분할 수 있다. 대개 유럽은 크게 게르만문화권의 북유럽 도시와 라틴문화권의 남유럽 도시로 나눌 수 있는데, 이때 북유럽의 도시들은 한자동맹의 도시였고 남유럽은 이탈리아의 상업도시들이었다. 그리고 건축 재료의 사용에 있어서도 조금 차이가 났다.

북유럽의 도시들은 주로 목재를 많이 사용한 목골조 구조가 많은 반면, 남부유럽의 이탈리아 도시들은 석재를 사용해 주택을 지었다. 뾰족한 박공지붕이 연이어 지어져 독특한 경관을 형성하는 곳은 북유럽 게르만문화권의 특징인데 특히 독일, 네덜란드 등지에서 박공에 조각, 페인트, 문장 등으로 예쁘게 장식한 경우가 많았다. 대표적인 예로 뤼벡, 브뤼헤, 뉘른베르크 등 한자동맹 도시의 중심가 주택, 암스테르담 운하가의 협소한 박공주택, 스트라스부르, 로텐부르크의 목골조 박공주택 등이 있다.

또한 이 박공에도 미세한 차이가 있어서 크게 삼각형,

계단형, 곡선형으로 나눌 수 있다. 삼각형 박공Triangular Gable은 가장 기본적인 형태로, 단순한 삼각형으로 지붕의 경사를 그대로 보여주는 형식이다. 독일 남부, 프랑스 북부 등지에서 널리 사용되었으며, 기능과 단순미를 강조하고 장식은 비교적 적은 편이다. 계단형 박공Stepped Gable, Crow-stepped Gable은 박공의 경계선을 계단처럼 층층이 쌓아 올린 형태를 말하는데 플랑드르 지방, 네덜란드, 북독일, 스코틀랜드 등에서 널리 유행했다. 이는 벽돌 건축과 잘 어울리며, 수평선의 강조와 함께 도시의 리듬감을 형성했다. 대표적 예로 브뤼헤 시청, 하르렘 운하가의 집들이 있다. 곡선형 박공Curved Gable, Bell-shaped Gable은 중세가 아닌 르네상스와 바로크 시대에 유행한 것으로 장식적 형태가 강하다. 대개 S자 곡선, 종 모양 곡선 등의 형태로 유려한 윤곽선을 형성했다. 남부 독일, 중부 유럽, 이탈리아 일부 도시에서 사용되었으며, 도시 귀족 계층이나 상류 상인의 주택에서 장식성을 과시하기 위한 목적으로 사용되었다.

북유럽의 도시들에서 박공주택이 두드러진다면 남부와 동유럽의 도시들에서는 아케이드 주택이 특징을 이룬다. 아케이드 주택이란 1층에 아케이드를 둔 주택이 연이어

전면박공과 전면처마 형식. 왼쪽에는
처마면과 평행한 전면처마형의
상인주택이, 오른쪽에는 뾰족지붕이
특징인 전면박공 형식의 상인주택이 있다.

(도판출처: Pixabay)

전면박공 형식의 중세 상인주택. 왼쪽에
위치한 세 개의 주택은 계단형 박공.
오른쪽에 위치한 두 개의 주택은
삼각형 박공이다.

(도판출처: Pixabay)

장식성이 강한 중세 상인주택.
전면박공 형식에 전체적으로 장식성을
가미한 형태이다.

(도판출처: Pixabay)

이어져 있는 것을 말한다. 1층 상가에 아케이드를 설치하면 지붕 역할을 하여 보행자가 천천히 거리를 거닐면서 비를 맞지 않고 쾌적하게 쇼핑을 할 수 있다는 장점이 있다.

독일, 체코, 폴란드 등 동유럽에 많은데 로텐부르크, 브라티슬라바, 크라쿠프 등의 구시가지에서 흔히 볼 수 있다. 시장 광장을 둘러싼 건물들이 일련의 아케이드를 형성하여 통로로 연결된 것이 특징이다. 아울러 이탈리아의 볼로냐에서는 아케이드 주택이 도시 전체의 경관을 형성하고 있다. 페루자, 아시시 등의 아케이드 주택도 유명하다. 그리고 프랑스, 스페인에서도 툴루즈, 알비 같은 남프랑스 도시에 목조 아케이드가 많았고 스페인 북부 도시들의 중심 광장 주변에서도 동일한 유형이 발견된다. 크게 대별하자면 게르만문화권의 북유럽 도시에서는 박공주택이 많고 라틴문화권의 남유럽 도시에는 아케이드 주택이 많다고 볼 수 있다.

지금도 유럽의 거리를 걷다 보면 아케이드를 많이 만날 수 있다. 우리나라에서는 ○○ 아케이드라는 말이 곧 ○○ 상가와 동의어로 사용될 만큼 아케이드 주택은 상가주택이라는 특징이 강하다. 조형적으로도 예쁠뿐더러 보행

자는 눈비를 맞지 않고 거리를 다닐 수 있어 효율성이 뛰어나다. 중세의 자유도시는 이러한 상인주택으로 들어차 있었다. 중세의 상인과 직인들은 동업조합이라 할 수 있는 길드를 조직했는데, 그중에는 조금 특별한 길드도 있었다.

프리메이슨 클럽, 자유석공조합

중세 도시를 떠올릴 때면 까마득히 높은 성당이 떠오르는데, 이 성당을 짓는 석공들의 조합인 프리메이슨 클럽 Freemason Club이 있었다. 메이슨이란 돌을 다루는 장인, 즉 석공이라는 뜻이다. 그런데 이 석공들은 장소와 지역에 구애받지 않는 자유석공으로 활동했다. 본래 중세 길드는 그 도시와 깊은 연관이 있었다. 예를 들어 플랑드르 모직물 조합이라고 하면 플랑드르에서 모직물을 다루는 상인들의 조합이며, 다른 지역의 상인들은 플랑드르에서 모직물업에 종사할 수 없었다. 다른 지역의 상인이 와서 함부로 장사하면 상권이 침해받기 때문이다. 따라서 길드에는 항상 지역명이 붙곤 하는데, 오늘날의 건축가라 할 수 있는 석공조합은 지역에 구애받지 않고 자유롭게 일할 수 있어 프리메이슨 클럽이라 불렸다.

제빵이나 모직물, 면직물 같은 일상용품은 거의 매일, 길게 잡아도 매년 그 수요가 발생하기 때문에 상인들은 그 지역에 눌러앉아 계속 장사할 수 있다. 하지만 대성당을 짓는 일은 그렇게 매년 수요가 발생하는 일이 아니었다. 성당을 하나 짓는다는 것은 한 도시에서 20~30년에 한 번 있을까 말까 한 일이었으므로, 일을 기다리며 그 지역에 계속 있을 수는 없었다. 어느 도시의 성당 짓기가 끝나면 다른 도시에 가서 새로운 성당 짓기에 종사해야 했다. 이렇듯 석공들은 그 직업의 특수성으로 여러 도시를 자유롭게 다닌다는 뜻으로 자유석공조합이라 불렸다.

그리고 시대가 변했다. 이제 더 이상 과거와 같은 대성당은 짓지 않을뿐더러, 짓는다 해도 돌을 잘라 짓는 것이 아닌 철근과 콘크리트로 짓는다. 이쯤 되면 석공들의 길드였던 자유석공조합도 해체되거나 유명무실해질 만하지만 해체 대신 석공 외 다른 직업의 전문가들도 회원으로 받으면서 오늘날까지 명맥을 유지하고 있다. 17~18세기 초, 그렇게 실제 석공이 아닌 지식인, 귀족, 상류층 인사가 클럽에 가입할 수 있게 되었다. 아울러 석공들의 공방조합에서 벗어나 철학, 윤리, 계몽주의 가치를 추구하는 상징적 집단으로 변화하였다. 지금도 사용하는 프리메이슨 클럽의 상징인 컴퍼스와 자는 중세 시대 석공들이 사용하던 도구이다.

요약하자면 중세의 상인주거는 오늘날까지 영향을 미쳤다. 세장한 박공주택은 그 특유의 입면으로 북유럽 도시의 랜드마크가 되다시피 했고, 아케이드 주택은 지금도 아케이드가 상점가라는 말과 동의어가 될 정도로 사용되고 있다. 때로 낙후된 전통시장을 되살리기 위해 지붕 상부에 유리지붕을 설치하는 것을 두고 아케이드를 설치한다고 말한다. 그리고 현재 무언가 신비스럽고 비밀스러운 베일에 휩싸인 프리메이슨 클럽은 실은 지금까지 명맥을 유지해오고 있는 중세 자유석공조합이다.

4장

팔라초

14세기 후반이 되면서 유럽은 문예부흥, 이른바 르네상스 시기에 이른다. 르네상스가 처음 시작된 곳은 이탈리아, 그중에서도 피렌체였다. 모든 문화는 그 자체만으로는 생산적이지 않기 때문에 누군가 후원을 해주어야 발달할 수 있는데, 당시 피렌체에서는 메디치 가문이 문화를 후원했다. 흔히 메디치 가문을 르네상스의 산실이라고 하는데, 그렇다면 메디치 가문이 생활하던 주택은 무엇이었을까? 팔라초Palazzo였다.

팔라초의 기원

팔라초는 본래 고대 로마 시절의 시민회관, 시청사, 총독관저 같은 공공건물을 지칭하던 팔라티움Palatium에서 유래한다. 말하자면 팔라티노 언덕 위에 세워진 황제의 궁전을 일컫는 말이었다. 팔라티노 언덕은 로마의 일곱 언덕 중 하나로, 전설의 로물루스가 로마를 건국한 장소이다. 이곳에 기원전 1세기부터 귀족들의 저택이 들어섰고, 아우구스투스는 팔라티노 언덕 위에 왕궁으로 사용할 검소한 도무스를 지었는데 이후 도미티아누스 황제(51~96년 재위)는 이를 기반으로 대규모 궁전을 조성했다. 당시 팔라티움의 내부 구성은 접견실, 연회장, 회랑, 안뜰, 정원, 목욕실 등 다양한 방이 있었다. 특히 열주와 돔형 천장이 유명했는데, 이는 이후 팔라초와 바로크 궁전의 모티브가 된다.

로마 멸망과 함께 팔라티움도 사라지는 듯했지만 근근이 명맥이 이어지다가 중세 시대 이탈리아에서 팔라초라는 이름으로 다시 등장한다. 특히 14세기 후반 피렌체에서 무역과 금융업으로 재산을 축적한 거상 가문이 등장하면서 이들의 주택으로 팔라초가 사용되었다. 팔라초는 도시의 주요 거리나 광장에 위치하는데, 가장 큰 특징은 외벽에 사용한 러스티케이션Rustication이다. 러스티케이션이란 거친돌쌓기 기법으로 우리말로는 '혹두기'라고 표현한다. 표면을 거칠게 처리하거나 깊게 절개한 줄눈을 가진 석조 마감 방식이다. 본래는 시골 농가나 요새 건축에서 기원하였으나, 르네상스 시대에 장식적 요소로 채택되었다. 거리를 걷는 사람의 눈높이에서 가장 먼저 체감되는 거친 질감이었고 2층, 3층으로 올라갈수록 외관이 매끈해

팔라초. 내부 중정을 가지며 외부는
방어적인 형태를 하고 있다.

베네치아의 팔라초. 물의 도시인
베네치아답게 팔라초 전면이
수로를 향하고 있다.

(도판출처: Pexels)

팔라초 피티. 1층에 거친 러스티케이션이
사용된 것을 볼 수 있다.

팔라초 베키오. 사실상의 시청 노릇을
했던 팔라초 베키오의 모습.

(도판출처: Pixabay)

졌다.

팔라초는 대략 3층 정도로 이루어진 중정주택이었다. 앞서 로마 시대의 도무스가 중정주택이었는데, 팔라초 역시 중정주택이었다. 건물 1층은 피아노 테라Piano Terra(지상층이라는 뜻)라 했는데, 크고 웅장한 아치형의 주출입구가 있었고, 안드론Androne이라는 넓은 복도 겸 홀이 있었다. 건물 한가운데 자리 잡은 내부 중정Cortile은 분수나 조각상을 두어 한껏 화려하게 치장하였다. 그리고 거상가문의 집답게 회계실, 사무실이 있었고 창고와 부엌, 하인들의 공간도 1층에 있었다.

팔라초의 내부 중정은 고대 도무스의 페리스타일을 계승한 듯 기둥이 늘어서 있어 통풍과 채광을 담당하였다. 그리고 1층에서 2층으로 올라가는 계단실이 있었다. 흔히 스칼라Scala라고 불리었는데, 초창기에는 단순한 구조였다가 이후 장식적 대계단Scalone으로 발전하였다.

2층은 피아노 노빌레Piano Nobile(고귀한 층이라는 뜻)라 불렸는데, 가장 중요한 방은 살로네Salone 또는 살라 그란데Sala Grande라 불리는 대연회실이었다. 화려하게 치장되어서 대형 천장화, 타피스트리, 고급 가구로 장식되었다. 그리고 카펠라Cappella라 불리는 작은 가정용 예배당이 있었다. 가족과 하인들이 모여 예배를 드리는 장소였는데, 벽면에는 프레스코화가 장식되어 있고 성유물 보관소를 갖추기도 했다. 아울러 서재인 스튜디오Studio 또는 스튜디올로Studiolo가 있었다. 문서와 서책을 보관하고 가장이 홀로 지내는 공간으로 사용되었다. 때로 조각품, 책, 지도, 과학기구 등을 전시하기도 했는데, 이것이 더욱 발전하면 '호기심의 방'이 된다. 이탈리아어로 Camera delle Meraviglie, 독일어로 Wunderkammer, 영어로 Cabinet of Curiosities라 불렸는데 모두 '신기한 방', '호기심의 방'이라는 뜻이다. 르네상스 귀족이나 학자가 개인적으로 수집한 희귀한 자연물, 고대 유물, 예술품을 모아 전시한 방으로, 단순한 저장 공간을 너머 자연과 세계에 대한 총체적 탐구의 장이 되기도 했다.

당시는 동방항로가 개척되어 아시아의 희귀한 물품이 쏟아지던 때였다. 무역업으로 부를 이른 거상가문의 출현 배경도 이러한 동방항로의 개척에 있을 것인데, 사고파는 물건이 아닐지라도 이국적이고 신기한 물품은 이곳에 보관하고 전시했다. 물품들은 대개 박제된 동물이나 조개껍질,

나비수집 등 자연사에 관계된 것부터 망원경과 나침반, 시계 등 배를 타고 항해를 할 때 사용하는 물품도 있었다.

혹은 아시아의 어느 곳에서 노획한 도자기, 칼, 인형도 있었다. 하여간 일상에서는 찾아볼 수 없는 희귀한 물건이라면 모두 수집해놓은 방이었다. 일반적으로 서재와 결합되거나 독립된 작은 방으로 마련되었는데 서가, 진열장, 천장화, 서재용 책상, 소형 캐비닛 등이 포함되어 있었다. 이후 호기심의 방의 수집품은 점차 정교하고 방대해져 박물관의 시초가 되었다.

3층에는 가족의 침실로 사용하는 카메라Camera들이 있었다. 카메라를 지금은 사진기라 번역하지만 본래는 방 혹은 네모난 상자라는 뜻이다. 방이 네모난 형태여서 상자와 비슷했다. 초등학교 시절 '어둠상자'가 사진기의 시원적 형태라고 배웠을 것이다. 이 어둠상자 혹은 암실을 '카메라 옵스큐라Camera Obscura'라고 했는데, 이후 옵스큐라가 생략되면서 사진기를 카메라로 부르게 되었다. 그리고 다락은 창고와 하녀들의 방으로 사용되었다.

피렌체에는 당시의 팔라초들이 지금도 남아 있다. 우선 팔라초 메디치Palazzo Medici(메디치 저택)가 있다. 코시모데 메디치가 건축가 미켈로초에게 의뢰해 1444년 착공, 1484년 완공한 것으로, 이 시기가 메디치 가문의 집정기(1434~1494년)와도 겹치기 때문에 흔히 팔라초 메디치를 '메디치 궁'이라 번역하기도 한다. 내부 구성은 도무스의 아트리움과 같은 내부 중정을 중심으로 방들이 배치되어 있다. 1층은 거칠고 돌출된 러스티케이션, 2층은 다소 평평한 마감, 3층은 거의 매끄러운 벽면으로 마감되어 있다. 수평 띠와 코니스cornice가 층간을 구분하여 고전적 질서감과 위계를 보여준다. 또한 창문은 고전 로마 양식의 반원 아치형으로 디자인되었으며, 곳곳에 메디치가의 문장이 장식되어 있다. 이후 팔라초 메디치는 1659년 리카르디 가문에 매각되어 일부 개조되고 현재는 팔라초 메디치 리카르디Palazzo Medici Riccardi라 불리는 박물관으로 공개되고 있다.

그리고 루첼라이 가문의 저택인 팔라초 루첼라이Palazzo Rucellai(1446~1451년 건립)가 있었다. 루첼라이 가문은 본래 모직물 무역으로 돈을 모았고 이후 금융업으로 막대한 부를 축적하면서 팔라초 1층의 사무실과 회계실에서 대부업도 겸했다. 그러면서 팔라초 루첼라이는 은행건물의 시원적 형태가 되었다. 구체적 형태로는 3단 구성에 고전적 오더를 사용하는데, 1층에는 도리아식, 2층에는 이오니아식, 3층에는 코린트 양식으로 고전기둥 장식을 적용하였다.

이는 로마 콜로세움의 입면 구성을 당시의 팔라초에 재현한 것이다. 당시 피렌체는 금융과 무역의 중심지로 성장하면서, 은행가들은 자신의 신뢰감과 부를 건축물로 과시하려 했다. 팔라초 루첼라이처럼 도시 한복판에 자리 잡은 웅장한 건물은 고객에게 안정감과 신뢰감을 주었다. 이러한 팔라초 루첼라이는 19세기 은행건물의 시원적 형태가 된다.

구체적인 방법으로 서로 다른 층별 오더가 적용된 3단 구성은 유럽의 19세기 고전적 은행 외관에 층별로 다른 오더나 장식이 사용하는 것으로 재현되었다. 줄눈을 강조한 러스티케이션은 고전적 은행 건물의 하층부에 거친 돌마감을 적용하여 견고함을 강조했다. 아울러 대칭적이고 규칙적인 창문 배열은 안정된 이미지를 준다. 요즘의 은행은 예전과 많이 달라졌지만 우아하고 견고하고 고급스러운 이미지의 전통적 은행 건물은 팔라초 루첼라이의 형태에서 많은 영향을 받았다.

아울러 역시 금융업에 종사했던 피티 가문의 팔라초도 유명하다. 부유한 은행가 루카 피티가 메디치 가문에 맞서기 위해 대형 팔라초를 지었는데, 공사비 과다와 피티 가문의 몰락으로 건물은 미완성으로 남게 된다. 이후 엘레오노라 디 톨레도(코시모 1세의 아내)가 구매하여 메디치 가문의 거처로 개조하였다. 이후 피렌체 대공국(토스카나 대공국)의 주요 궁전으로 사용되었기 때문에 피렌체의 다른 팔라초보다 훨씬 크고 중후한 규모를 자랑한다. 외벽은 거칠고 큼직한 러스티케이션으로 마감되어 강한 견고함과 위엄을 드러내고, 3층에 걸쳐 균일하고 반복적인 창문 배열과 튼튼한 코니스(처마돌림띠)가 특징이다.

한편 메디치 가문이 사실상 피렌체의 총독 역할을 하면서 주거건축이라 할 수 있는 팔라초 메디치 외에 사무실 용도로 사용할 새로운 팔라초가 필요해져서 새로 지은 것이 팔라초 우피치Palazzo Uffizi이다. 우피치는 오피스와 같은 뜻이고, 팔라초 우피치는 말 그대로 '행정관청' 정도가 될 것이다. 코시모의 의뢰로 건축가 조르조 바사리가 설계해 지어졌고, 메디치 가문의 행정, 법무, 금융 등 관공서 역할을 수행하였다. 16세기 후반부터 메디치 가문이 수집한 미술품을 전시하면서, 오늘날에는 세계적으로 유명한 우피치 미술관으로 발전하였다.

프랑스 왕실로 시집간 딸들

메디치 가문은 비록 상인 출신이었지만 막대한 부를 바탕으로 레오 10세, 클레멘스 7세, 피우스 4세, 레오 11세까지 4명의 로마 교황을 배출하였다. 그뿐 아니라 카트린 드 메디치가 1533년 프랑스 왕실의 앙리 2세와 결혼하고, 마리 드 메디치가 1600년 프랑스 국왕 앙리 4세와 결혼을 하여 이때부터 프랑스는 부르봉 왕조를 개창한다. 이때만 해도 유럽문화의 주도권을 이탈리아가 쥐고 있었다. 유럽에서 최고로 부유했던 메디치 가문의 딸들이 프랑스로 시집을 오고 나니 모든 것이 눈에 차지 않았던 모양인지, 두 명의 왕비는 자신만을 위한 궁전을 파리에 새로 짓는다.

카트린 왕비는 남편인 앙리 2세가 1559년 마상시합에서 사고를 당하여 사망한 뒤 그가 숨을 거둔 투르넬 궁 Hôtel des Tournelles을 떠나 새로운 거처를 찾게 되었다. 때마

침 루브르 궁전 근처에 타일과 기와를 만드는 공장이 있던 지역을 매입하여 새로운 궁전을 짓기로 결정하였고, 이로 인해 타일 공장을 의미하는 '튈르리'라는 이름이 붙여졌다. 이탈리아 르네상스 양식으로 지은 튈르리 궁전은 이후 여러 왕에 의해 확장되었다. 앙리 4세는 루브르 궁전과 튈르리 궁전을 연결하는 그랑드 갤러리Grande Galerie를 건설하였으며, 루이 14세 역시 궁전의 확장을 계속하였다.

당시 튈트리 궁전과 루브르 궁전은 서로 연결되어 일종의 왕궁 단지를 이루고 있었다. 1871년 파리 코뮌 기간 동안 튈르리 궁전은 방화로 파괴되었으며, 이후 복구되지 않았다. 궁전이 있던 자리는 현재 튈르리 정원으로 남아 있으며, 루브르 박물관과 콩코르드 광장 사이에 위치하고 있었다. 튈르리 궁전은 소실되고 없지만 르네상스 양식의 이탈리아 팔라초가 프랑스에 상륙한 계기가 되었다.

마리 왕비가 지은 뤽상부르 궁전도 마찬가지였다. 마리는 남편 앙리 4세가 1610년에 암살된 후 아들 루이 13세의 섭정으로서 권력을 행사했다. 그녀는 이탈리아 피렌체에서 지낸 어린 시절을 그리워하며, 고향의 팔라초 피티Palazzo Pitti를 본떠 새로운 궁전을 짓기로 하였다. 1612년 프랑수아 드 뤽상부르François de Luxembourg의 저택과 그 주변 부지를 매입하여 궁전 건설을 시작했으며, 이로 인해 '뤽상부르 궁전'이라는 이름이 붙었다. 건축은 1615년에 시작되어 1645년에 완공되었다.

결과적으로 튈르리 궁전과 뤽상부르 궁전은 이탈리아의 팔라초를 프랑스 왕실에 전파하는 역할을 했다. 현재 프랑스의 궁전이라고 하면 루브르와 베르사유만 널리 알려져 있지만 두 궁전이 현재의 모습으로 증개축되기 전에 튈르리 궁과 뤽상부르 궁이 있었다. 이 두 궁전은 당시 발달했던 이탈리아 르네상스 문명의 중심지 역할을 했다. 프랑스의 발레, 미식으로 소문난 프랑스 요리도 그 시작이 이탈리아 르네상스에 기원을 둔 것처럼 튈르리와 뤽상부르 궁은 분명 루브르와 베르사유에 영향을 끼쳤다. 애석하게도 튈르리 궁은 1871년 파리 코뮌 때 소실되었지만 뤽상부르 궁은 현재 프랑스 상원의 의회 건물로 사용되고 있다.

5장

영국의
컨트리하우스

『베니스의 상인』, 『로미오와 줄리엣』은 지금도 널리 사랑받는 셰익스피어의 작품이다. 베니스의 상인 중 악독하기로 소문난 유대상인 샤일록이 "기간 내에 돈을 갚지 못하면 채무인의 살 1파운드를 내어준다"는 계약서를 작성한 곳이 팔라초의 1층 사무실이었을 것이다. 다른 도시 베로나에서는 총독의 권위를 비웃듯 몬태규 가문과 캐퓰럿 가문이 대대손손 피의 복수를 벌이고 있었다. 베로나를 실질적으로 지배하던 몬태규 가문과 캐퓰럿 가문이 살던 팔라초는 어디였을까? 셰익스피어가 영국 작가이면서도 이탈리아를 배경으로 한 작품을 남긴 이유는 당시 이탈리아가 르네상스의 산실이자 가장 부유한 문화 중심지였다는 방증이다.

헨리 8세, 영국 국교를 창설하다

사실 셰익스피어는 시대를 잘 타고난 행운아였다. 당시 영국 여왕 엘리자베스 1세는 공공장소에서 종교적 내용을 담은 연극의 상연을 금지한다는 포고령을 내렸다. 따라서 가문 간의 복수, 남녀 간의 사랑 같은 세속적인 소재의 셰익스피어의 연극은 크게 흥행할 수밖에 없었다. 그렇다면 엘리자베스 1세는 왜 종교극을 금지하고 세속극의 상연만 허용했을까?

엘리자베스 1세를 이해하기 위해서는 먼저 그녀의 아버지인 헨리 8세와 당시 영국 상황을 알아야 한다. 헨리 8세는 프랑스보다 앞선 16세기 초에 절대왕정을 확립한 왕이다. 그는 생애를 통틀어 여섯 번 결혼한 것으로 유명한데, 이 정도로 결혼을 하려면 사별이 아닌 이상 이혼을 해야 한다. 그런데 당시 가톨릭교회는 이혼을 금지했다. 이에 헨리 8세는 이혼이 가능한 새로운 종교로서 영국 국교를 창설하고 자신이 수장이 된다. 이로써 영국은 로마 가톨릭에서 독립한 개신교 국가가 되었다. 따라서 여섯 번의 결혼은 단순히 그의 바람기 때문이라기보다 왕권을 강화하기 위한 술책으로 보아야 한다.

헨리 8세 사후 영국의 상황은 가톨릭이나 개신교나 하는 문제로 복잡했다. 엘리자베스 1세의 이복언니인 메리 여왕은 아버지의 뜻과는 반대로 가톨릭으로 복귀하면서 280여 명의 개신교도를 처형했다. 그래서 '피의 메리'로

불린다. 그런 언니를 이어 즉위한 엘리자베스 1세는 다시 영국 국교로 복귀하면서 종교에 관한 한 중도적 입장을 취했다. 당시 영국에서 종교는 너무 민감한 주제여서 공공장소에서 종교극의 상연은 금지할 수밖에 없었다. 그러니 세속극의 대가였던 셰익스피어의 연극이 성공한 것은 당연했다. 대신 엘리자베스 1세는 아버지와는 다른 방식으로 왕권을 강화했다. 지방에 있는 귀족 가문의 컨트리하우스를 방문하여 머무는 방식이었다.

귀족의 상징, 컨트리하우스

컨트리하우스라고 하면 지금은 시골별장이나 전원주택의 느낌이 강하지만 본래는 시골 영지에 마련된 귀족주택을 의미했다. 본디 귀족은 생업에 종사하지 않고 왕으로부터 하사받은 방대한 영지에서 올라오는 지대수익으로 살아갔다. 따라서 시골에 마련된 영지는 귀족의 상징이자 정체성이었고, 그 영지 안에 마련된 주택이 컨트리하우스, 이른바 영지주택이었다. 특히 영국에서 컨트리하우스가 중요했는데, 영국 귀족은 부재지주가 아닌 임재지주였기 때문이다. 귀족이 방대한 영지에서 나오는 지대수익으로 살아간다는 것은 유럽 어디서나 마찬가지였는데, 귀족이 평소에 어디에서 머무르는가에 따라 차이가 있었다.

일례로 프랑스의 귀족은 평소 수도인 파리에 머물며 가끔 영지에 들르는 부재지주에 가까웠다. 반대로 영국은 봄에서 가을까지 자신의 영지에 머물면서 직접 농사를 감독하는 임재지주였다. 영국 귀족을 전원귀족이라 하고 프랑스 귀족을 궁정귀족이라 하는 것은 이러한 문화적 배경에서 나왔다. "영국인에게 있어 집은 그의 성이다"라는 속담도 있듯이 영국 귀족에게는 방대한 영지(컨트리)와 그 영지 안에 마련한 저택(컨트리하우스)이 이처럼 중요했다. 그리고 엘리자베스 1세는 이러한 점을 이용했다. 지방 유력 가문의 컨트리하우스를 방문해 그의 집에서 일정 기간 머무는 방식을 택한 것이다.

여왕이 머물다 간 컨트리하우스는 그 지역에 상당한 위세를 떨칠 수 있었다. 교통과 통신이 발달하지 못했던 당시, 여왕은 많은 수의 신하와 시종을 거느리고 컨트리하우스를 방문하여 몇 주일씩 머물면서 그곳에서 업무를 보았

시골 영지에 마련된 컨트리하우스.
엘리자베스 1세 여왕은 지방순시를
통해 왕권을 강화했다.

(도판출처: Pixabay)

다. 그뿐 아니라 연설을 하고 무도회를 개최하기도 했는데, 이러한 일련의 행사를 지방순시royal process라 했다. 지방순시는 보통 1년에 한 번 정도 있었는데, 각 지방의 귀족들은 여왕의 순시를 받고 싶어했다.

지방순시는 권력 과시의 효과가 있었다. 런던 중심의 통치를 지방까지 확대하고, 여왕의 존재를 실제 '보이게' 하여 권위와 충성심을 강화하려는 목적이 있었다. 무엇보다 여왕이 백성과 가까이 있는 듯한 인상을 줌으로써 정치적 선전효과가 컸다. 한편으로 정치적 네트워크를 관리하는 수단이기도 했다. 귀족 가문이나 지지 세력의 저택에 머물며 정치적 유대를 강화하고 경쟁 귀족 간에 충성도나 재정 상태 등을 확인하는 수단이 되어주었다. 이러한 순시에는 정보의 수집과 감시 목적도 있었다. 지방 민심과 실정을 직접 확인하고, 필요시 경고나 회유의 수단으로 활용했다.

아울러 재정 절약과 왕실 경비의 부담을 전가하는 효과도 있었다. 궁정 유지비를 일시적으로 줄이고, 그 비용을 방문지의 귀족이 부담하게 한 것이다. 실제로 헨리 8세 당시에는 크고 작은 42개소의 궁전이 있었다. 이렇게 궁전이 많았던 이유는 지방 주요도시 곳곳에 궁전을 마련해놓고 왕이 정기적으로 순회를 해야 했기 때문인데, 딸인 엘리자베스 1세는 이를 반대로 이용해 귀족의 집을 방문하는 순시를 했다. 귀족들은 여왕의 방문을 큰 영광으로 여기며 성대한 환영 행사를 준비해야 했다. 여왕은 지방 순시 중에 연설을 했고 지방 귀족들은 가면극, 불꽃놀이, 연극공연 등 많은 행사를 개최해야 했다. 따라서 경쟁이 치열했고 여왕이 방문하기로 일정이 잡히면 위신에 걸맞게 컨트리하우스를 증개축하고는 했다.

튜더왕조 시대에는 앞다투어 컨트리하우스를 화려하게 지었다. 신분에 걸맞지 않게 너무 화려하게 지었다가 파산하는 귀족도 생겼다. 당시 대법관이던 크리스토퍼 해턴은 여왕의 지방순시를 대비해 큰 집을 하나 지었는데, 애석하게도 순시 목록에서 빠졌다. 그는 결국 거액의 빚을 진 채로 사망했다.

여왕 방문을 염두에 둔 증개축은 여왕이 머물 영역에 특별히 신경 썼다. 일례로 여왕이 머물며 업무를 보는 방인 그레이트 챔버, 휴식을 취하는 여왕의 휴게실, 잠을 자는 여왕의 침실 등 그레이트, 베스트 혹은 '여왕의'라는 형용사를 넣은 방을 만들었다. 그렇다면 당시 컨트리하우스에는 어떤 방이 있었을까?

앞서 고대 로마의 귀족주택인 도무스, 르네상스 이탈리아의 팔라초에 내부 중정이 있었다고 했지만 이는 도시주거의 특징이다. 좁은 땅에서 마당을 가지기 위해 내부 중정으로 진화했다고 볼 수 있는데, 이미 땅이 넓은 컨트리하우스에서는 내부 중정을 가질 필요가 없었다. 대신 컨트리하우스에서 가장 중요한 것은 널찍한 홀과 긴 복도식 방이라 할 수 있는 갤러리였다. 특히 한가운데에 자리 잡은 것이 홀이었는데, 이는 요즘의 거실과 마찬가지로 다목적으로 사용되었다.

컨트리하우스를 완벽히 이해하기 위해서는 그 전신이라 할 수 있는 중세의 영주주택에 대해 먼저 알아야 한다. 영국의 중세주택에서 가장 중요한 방은 홀이었다. 그래서 주택 명칭으로 ○○ 홀이라고 붙이곤 했다. 대표적 예가 하드윅 홀Hardwick Hall이다. 이후 홀은 여러 방이 분화해나가면서 그 중요성이 줄었지만, 지금도 중요하고 공적인 공간이 있는 건물 전체를 홀이라고 부른다. 대표적인 곳이 카네기 홀Carnegie Hall, 로열 알버트 홀Royal Albert Hall이다.

컨트리하우스인 하던 홀(Haddan Hall)의
롱 갤러리. 컨트리하우스에서 제일 중요한
공간은 홀이어서 명칭조차 'Haddan
Hall'이라 불리는 컨트리하우스,
롱 갤러리의 모습이다.

(도판출처: Pixabay)

4주식 침대. 침대의 네 귀퉁이에 기둥이
마련되어 있다. 커튼을 내리면
프라이버시가 보장된다.

(도판출처: Pixabay)

중세의 영주주택은 면적은 넓어도 내부 공간은 비교적 간단했다. 집 안의 중심공간인 홀, 크고 넓은 부엌 그리고 한두 개의 작은 방이 있었다. 홀은 다목적으로 사용되었는데, 일단 모든 가족 구성원이 홀에 모여 함께 식사했다. 영주 가족은 물론 하인과 하녀, 가신, 기사에 이르기까지 식구는 수십 명에서 백 명이 넘기도 했다. 이들이 함께 모여 식사하는 방이 홀이었다. 이때 가장 전망이 좋은 상석에는 높은 단이 마련되어 있었고 이곳에서 영주의 가족이 식사를 했다. 이런 풍습은 지금도 남아서 영국의 유서 깊은 대학이나 기숙사에서는 식당 한쪽에 높은 자리를 마련해놓고 특별한 테이블을 두는 전통이 있다. 주로 학장이나 교수, 내빈이 이 자리를 차지한다.

이러한 홀은 밤이 되면 그대로 침실로 사용되었다. 식구는 많은데 방은 서너 개밖에 없었기 때문에 대부분 사람이 모두 한 방에서 같이 잠을 잤다. 이때 지체가 높은 사람은 요즘 우리가 캐노피 침대라고도 부르는, 침대 가장자리에 네 개의 높은 기둥이 있어 덮개와 커튼을 드리울 수 있는 4주식 침대four-poster bed를 사용했다. 밤에는 커튼을 내리고 잤기 때문에 프라이버시를 지킬 수 있었다. 그리고

그 옆에는 영주 가족의 시중을 두는 하인, 하녀들이 바닥
에 매트리스만 깔고 자는 것이 예사였다.

이처럼 다목적으로 사용되는 홀 옆에 큰 부엌이 있었
다. 오늘날에는 식재료를 슈퍼마켓에서 모두 사 오기 때문
에 부엌, 아니 주방이 매우 작고 위생적이지만 중세의 부
엌은 그렇지 않았다. 사냥해 온 짐승을 직접 도살하는 곳
도 부엌이었기 때문에 거의 작업장과 비슷했다. 요즘 학교
식당이나 기숙사의 식당이 대규모이듯 중세의 부엌도 그
러했다. 그 외 한두 개의 작은 방이 딸려 있었는데, 가장이
혼자 사용하거나 문서를 보관하는 서재, 기도를 하는 가정
예배실 등의 용도로 사용되었다.

이렇게 크기는 넓어도 방의 기능별 분화는 미흡했던 중
세의 성채는 튜더 시대의 컨트리하우스에 이르러 좀 더
기능적인 세분화가 이루어진다. 실제로 영어에서 룸room
이라는 단어가 처음 기록되기 시작한 때가 튜더 시대이다.

튜더 시대에 가장 중요한 방은 그레이트 홀Great Hall이
다. 귀족 가족과 하인, 손님이 함께 모이는 중심공간이었
다. 높은 천장과 노출된 목재 트러스를 사용하였으며 지
위의 상징으로 웅장함을 강조하였다. 한편에 마련된 대형

벽난로는 난방과 요리를 하는 용도였고 그 옆에 롱 테이블이 있었다. 주로 연회나 식사 시 사용되었는데, 귀족 가족과 손님은 벽난로 가까이 상석에 앉고 나머지 사람들은 벽난로에서 먼 쪽에 주로 앉았다. 그다음으로 갤러리는 폭이 5미터 정도에 길이는 60미터 이상 되는 길쭉한 모양의 긴 복도로 가족의 초상화를 걸어두기도 했다. 여왕의 방문이 있을 때 연설과 접견은 홀에서, 무도회는 갤러리에서 벌어지고는 했다. 다음으로 중요한 방은 연회가 열리는 식당이었다. 19세기부터 실내 스포츠로서 당구가 크게 유행하면서 당구실을 컨트리하우스에 두기도 했다.

한편 그레이트 챔버Great Chamber라 불리는 주인의 침실 겸 거실이 있었다. 벽면에는 장식적 목적과 실내 보온을 위해 태피스트리를 걸어두었다. 그레이트 챔버를 비롯해 가족용 침실과 손님용 침실에는 4주식 침대를 사용하고 주변에 커튼을 두었다. 오늘날에는 인테리어용으로 그런 침대를 사용하지만 튜더 시대에는 실용적 목적이 있었다. 현대의 주택은 프라이버시를 중요하게 생각해서 침실은 가장 내밀한 공간이자 혼자 사용하는 것이 원칙이다. 하지만 중세 시대까지만 해도 프라이버시 개념이 희박해서 침실은 혼자 사용하는 것이 아니었다. 사람들은 대개 하녀나 하인과 함께 침실을 사용했다. 그렇다면 어떻게 프라이버시를 지킬 수 있을까? 침대 가장자리에 커다란 나무기둥이 설치된 침대를 사용해 가장 중요한 사람만 침대를 사용하고 나머지 하인들은 침대 옆 바닥에 마련된 매트리스에서 잤다. 그뿐 아니라 중세의 주택은 매우 추웠는데, 캐노피 침대의 커튼을 내리면 어느 정도 보온 효과가 있었다. 따라서 중세 시대의 캐노피 침대는 프라이버시나 보온을 위한 필수 장치였다.

그 외 가장의 집무실study, 책과 문서를 보관하는 서고library, 개인적인 사실privy chamber, 골방closet, 혼자 조용히 기도하는 기도실oratory 등 많은 룸이 이 시기에 나타났다.

요약하자면 영지저택이라고 번역하는 것이 가장 적당해 보이는 컨트리하우스는 영국 귀족이 평소 머무는 곳이었다. 대개 3월에서 10월까지 농사철에 머물며 직접 농장을 경영했다. 그래서 영국 귀족에게는 전원귀족이라는 별명이 붙었다.

6장

영국 신사의 집,
타운하우스

영국 귀족에게는 시골 영지에 마련된 컨트리하우스가 중요했지만 그렇다고 이들이 1년 내내 그곳에만 머무른 것은 아니다. 농사철인 봄, 여름, 가을까지 컨트리하우스에서 지냈고 농사가 끝나는 겨울철이 되면 런던에 있는 타운하우스에서 겨울을 보냈다. 따라서 컨트리하우스, 타운하우스는 말 그대로 영지의 집, 도시의 집이라고 할 수 있는데, 영국 귀족에게는 컨트리하우스가 본가이고 타운하우스가 겨울별장에 해당한 것이다. 겨울철 타운하우스에서 주로 하는 일은 그들끼리의 사교였다. 서로를 식사에 초대해 환대하고 의회에 참석해 정치에 참여했다. 그런데 17세기 정도부터 영국에서는 새로운 계층이 성장했고 이들도 도심의 타운하우스에서 살게 되었다. 부유한 시골 자작농, 그들의 이름은 젠트리Gentry였다.

젠트리의 성장

영국의 신분구조는 최상층에 왕실이 있고 그 아래 공작, 후작, 백작, 자작, 남작의 다섯 귀족이 있었다. 그리고 남작과 준남작 아래 젠트리, 요먼리Yeomanry라는 계층이 있었다. 신분상 평민에 속하는 젠트리와 요먼리는 소작농이 아닌 부유한 자작농이었다. 이들이 성장한 배경은 15세기 이후 봉건제도가 사실상 붕괴하고 장미전쟁 이후 영주와 기사 계급의 몰락으로 사회적 유동성이 증가한 데 있다. 특히 양모산업의 성장과 함께 인클로저 운동이 일어나 농지를 가진 부유한 상층 농민들이 젠트리로 부상할 수 있었다. 아울러 16세기에 헨리 8세가 왕권을 강화하기 위해 영국 국교회를 창설하면서 기존 수도원을 해산시키고 수도원이 소유하던 땅을 민간에 불하하는데, 이때 국유지가 대거 민간으로 넘어가면서 젠트리의 토지 기반이 한층 강화되었다.

이들의 재산 규모를 살펴보면 가장 하위귀족에 속하는 남작과 준남작의 영지의 평균 크기가 1만 에이커 정도였을 때 젠트리는 농지 3000에이커 이상, 요먼리는 1000에이커 이상을 소유했으니 상당한 규모였다. 그뿐 아니라 18세기에는 새로운 중산 계층이 성장한다. 식민지를 개척하고 산업혁명이 일어나면서 시골 영지를 가진 자작농이 아니어도 부유한 사업가, 법률, 의학 등 전문직 종사자도 젠트리라 불리면서 영국은 명실상부 젠틀맨, 곧 신사의 나라가 되어갔다. 소규모 자작농이라 할 수 있는 요먼리가 굿맨Goodman, 곧 향사라 불리면서 여전히 시골에 머문 것과 비교해 젠트리는 런던을 비롯한 도시에서 살았다. 그리고 이들이 살던 집이 타운하우스였다.

17~18세기 런던에는 부동산 개발붐이 일었다. 오늘날 우리나라에 대단지 아파트가 지어지는 것처럼 타운하우스들이 대거 지어졌다. 특히 1666년 런던 대화재 이후 도시 재건이 이루어졌고, 그 과정에서 새로운 주거 지구인 이른바 뉴타운New Town이 개발되었다. 인구 증가와 함께 도심 인접 지역이 대규모로 택지화되었는데, 대표적으로 상류층을 위한 고급 주거지로 계획된 메이페어Mayfair, 중상류층 주거지로 개발된 블룸즈버리Bloomsbury가 있었다. 아울러 메릴번Marylebone, 벨그레이비아Belgravia 등도 개발되고 있었다. 영국 조지안 시대(1714~1830년)는 계획적이고 통일된 도시 디자인이 확산된 시기이기도 했다. 도시 구획 단위로 블록을 계획하고, 특히 광장square 중심의 방사형 또는 격자형 거리 구조를 유지하면서 균일한 외관을 갖춘 타운하우스가 들어섰다.

영국의 타운하우스. 지하실부터
3층 다락까지 한 가구가 모두
사용하는 양식이다.

(도판출처: Wikipedia)

　타운하우스들은 단지 형태로 지어졌는데, 중세 상인의 주택이던 세장형 주거와도 비슷해서 앞뒤로 길쭉한 형태였다. 전면폭은 6~8미터, 깊이는 20~30미터에 규모는 지하 1층에 지상 3~4층 그리고 다락으로 이루어졌다. 이때 한 세대가 지하층부터 다락까지 모두 사용하는 방식이며 대신 옆집과는 측벽을 공유했다. 일찍이 단독주택의 전통이 강했던 영국에서는 우리의 아파트처럼 층별로 서로 다른 세대가 산다는 것은 상상하기 어려웠다.

드로잉룸과 팔러

　입면 디자인은 주로 조지안 양식 또는 리젠시 양식이 사용되어 단정한 벽돌 입면, 대칭적인 창 배열, 백색 스터코 마감, 철제 발코니와 주철 난간을 특징으로 한다. 공간 구성은 수직적 구성이 강조되었다. 영국식 주택은 본래 공적 공역과 사적 영역의 구분이 엄격한데 타운하우스도 꼭 그러했다. 우선 지하층에는 부엌, 석탄창고, 남자 하인 숙소가 있었다. 부엌은 불을 다루는 공간으로 안전성과 연기, 소음, 냄새를 고려하여 지하에 배치하였으며 식료 저장고Larder와 빵 저장고Pantry, 와인 저장실Cellar도 부엌 옆에 두었다. 그리고 하인 식당과 휴게실Servants' Hall도 지하에 있었으며, 뒤쪽 출입구는 식재료와 석탄 배달용으로 주로 하인들이 이용하는 통로였다.

신분질서가 엄격했던 당시 영국에서 지하실의 하인 공간은 상류층 주인과 직접 마주치지 않도록 설계되었다. 귀족 가문일수록 지하 공간은 더 넓고 복잡했으며, 하인 전용 계단이 다락까지 연결되어 하인과 주인의 동선이 완전히 분리되었다.

가장 중요한 1층에는 팔러Parlour라 불리는 응접실, 손님을 접대하는 식당, 가장의 서재가 있어 남성 가장이 사용하는 가장 공적인 영역이었다. 특히 식당인 다이닝룸Dining Room은 공식 만찬의 장소로서 중요했는데 큰 식탁과 상들리에, 초상화 등으로 화려하게 꾸몄다. 2층에는 드로잉룸Drawing Room이라 불리는 여성 전용 응접실과 아침식사 방Breakfast Room이 있었다. 3층에는 주인과 안주인의 침실, 여성의 파우더룸과 드레스룸 또는 카비넷Cabinet이라 불리는 옷방이 있었다. 4층에는 아이들 침실과 가정교사, 보모의 방이 있었고 다락에는 하녀의 방이 있었다.

말하자면 1층이 남성 가장의 공적 영역, 2층이 여성의 공적 영역, 3~4층이 사적인 침실 영역으로 1층으로 내려올수록 공적인 영역, 위층으로 올라갈수록 사적인 영역이었다. 이는 타운하우스가 지하부터 다락까지 전층을 사용하기 때문에 가능한 구성이다. 한 가지 흥미로운 것은 응접실로 번역할 수 있는 방이 팔러, 드로잉룸 두 가지나 있다는 것인데, 서로 기능이 조금 달랐다.

팔러는 프랑스어로 '말하다'는 의미의 파를레parler에서 유래하며 말 그대로 '이야기를 하는 방'이란 뜻이다. 가장 고풍스럽고 공적인 영역으로 주로 남성 가장이 사용하는 방이어서 주택의 가장 앞쪽에 놓였다. 한편 드로잉룸은 본래 '물러난다'는 뜻의 withdraw에서 유래하며 식사 후에 좀 더 편안한 자리로 물러나는 방이라는 의미인데, 주로 여성들이 사용하는 방이었다. 위치를 보아도 팔러가 1층 전면에 있는 반면 드로잉룸은 2층에 있었다.

영국 풍습에 의하면 손님을 초대해 1층 식당에서 함께 식사한 다음 남자 손님들은 1층 팔러에, 여자 손님들은 2층 드로잉룸에 따로 모이곤 했다. 그래서 격식 있는 집일수록 팔러와 드로잉룸을 따로 갖추어야 했는데, 팔러는 한 개인 반면 드로잉룸은 두세 개까지 갖춘 집이 많았다. 남성 응접실보다 여성 응접실이 많았다는 뜻인데, 이를 이해하기 위해서는 당시 사회구조를 먼저 알아야 한다. 그때 남성들은 사교와 모임에 있어 집 외에도 클럽, 커피하우스, 펍 등 많은 장소가 있었다. 반면 여성들은 클럽과 펍의 출입이 금지되어 있었고 남성 동반자 없이 혼자 커피하우스에 가는 것도 제한되었다. 그러다 보니 외부 활동이 어려워 주로 집에 있는 시간이 많았고 두세 개의 드로잉룸이 필요했다. 이곳은 흔히 알려진 대로 '오후의 홍차'를 마시는 장소로 활용되었다.

사라진 드로잉룸

한편 19세기에 영국에서 산업혁명이 일어나면서 노동자 계층이 등장하고 이들을 위한 소규모 타운하우스가 등장한다. 영국은 층별로 다른 세대가 거주하는 아파트를 꺼리는 경향이 강해서 지금도 공공임대주택이 아닌 한 아파트를 보기 힘들다. 대신 타운하우스가 주된 주거유형이다. 19세기 영국에서 노동자용 타운하우스가 나왔을 때 규모는 작아도 타운하우스적 요소를 갖추고 있었다. 1층에 식당과 주방, 팔러를 두고 2층에 두 개의 침실을 갖추는 식이었다. 침실이 두 개면 4~5인 가족의 경우 모자랄 수 있지만 그래도 격식을 차리기 위해 1층에 반드시 팔러를 두었다. 그렇다고 17세기의 신사 계층과 같이 식사에 손님을 초대하고 응접실에서 격식 있는 대화가 펼쳐지는 생활 방식까지 습득한 것은 아니었다. 그저 이름만 팔러인 채 사실상 거실이자 가족실이었고 크기도 작고 옹색했다. 하지만 팔러는 끝까지 살아남았다. 반면 드로잉룸은 가장 먼저 없어진 방이 되었다.

노동자용 타운하우스의 재료는 주로 벽돌이 사용되었다. 벽돌은 노동자주택에서 가장 널리 쓰인 외벽 재료였다. 내구성이 강하고 화재 위험이 적으며 대량 생산과 운송이 가능했기 때문이다. 특히 산업지대 인근의 벽돌 공장에서 저렴하게 공급되었다. 내부 골조는 가공이 쉽고 현장 작업이 빠르다는 이유로 목재가 사용되었다. 저가 시멘트와 모르타르는 벽돌을 결속하는 용도로 사용되었다.

내부구조는 열악한 편이었다. 뒷마당Backyard은 각 가구에 할당된 작은 옥외 공간이었는데, 빨래, 간단한 가사 작업, 채소 재배, 동물 키우기 등 다양한 생활 용도로 사용되었다. 화장실은 주로 공용화장실이 사용되었다. 초기 노동자 타운하우스는 개별 화장실이 없는 경우가 많았고, 골목이나 뒷마당에 여러 가구가 공동으로 사용하는 형태의 공중화장실이 설치되었다. 이는 위생 문제와 전염병 확산의 원인이 되어 후일 주택 개선 운동과 공중 보건 정책이 추진되었다. 여기서 더 뒤편으로 가면 앨리Alley라 불리는 골목길이 있었다. 주택 뒤편의 좁은 통로로, 쓰레기 처리 및 하인의 이동 통로로 사용되었다.

한편 17~18세기 영국의 타운하우스는 19세기 미국 도시에도 전파된다. 당시 미국도 산업화에 따라 도시 중산층이 확대되고 있었다. 19세기 초부터 중반까지 상인, 변호사, 의사, 출판업자, 제조업자 등 전문직 중산층이 빠르게 증가했다. 이들은 태생적 귀족이 아닌 '성취 기반 계층achieved class'이었기 때문에 자신의 정체성을 일상에서 구현하려는 욕망이 강했다. 이들에게 타운하우스는 정체성을 드러내는 도구였다.

이처럼 타운하우스가 중간 계층에게 보급되고 하인의 수가 감소하면서 집의 규모는 조금 작아졌다. 특히 1840~1870년대 미국 대도시에 타운하우스가 크게 유행하면서 '브라운스톤Brownstone'이 지어졌다. 이는 미국산 적갈색 사암brown sandstone으로 마감된 벽돌 건물의 외관을 뜻하는데, 영국식 타운하우스를 지으면서 재료는 미국산을 사용한 주택을 말한다. 코네티컷과 뉴저지의 광산에서 브라운스톤의 대량 채굴이 가능했고, 대리석보다 싸고 가공이 쉬워 널리 사용되었다.

브라운스톤을 사용한 주택은 연속된 입면을 통해 거리 전체에 품격 있는 분위기를 연출했으며 뉴욕, 보스턴 등지에서는 중산층의 상징이자 가장 일반적인 타운하우스 스타일로 자리 잡았다. 브라운스톤은 건축재료를 넘어 중산층을 상징하는 용어로 굳었고 지금 우리나라에서도 어느 건설사의 아파트 브랜드명으로 사용되고 있다.

한편 이 시기 미국에서도 노동자용 타운하우스가 등장했다. 정통 영국 타운하우스와 같이 3~4층에 다락까지 포함된 규모는 보기 힘들어지고, 대신 2~3층 규모의 타운하우스가 증가한다. 그러면서 방의 구성도 조금 변하였다.

20세기 노동자용 타운하우스. 1층부터
3층 다락까지 구성된 타운하우스로
중산층을 넘어 노동자 계층까지 전파된
타운하우스의 모습이다.

(도판출처: Pixabay)

1층 전면에 팔러, 식당이 오고 뒤편으로 드로잉룸을 갖추고 2층에 침실을 놓는 구성이 많아졌다. 시간이 더 흐르고 나면 팔러와 드로잉룸이라는 구분 대신 손님을 초대해 이야기를 나누는 응접실, 공적인 영역에서 물러나withdraw 가족끼리 편하게 사용하는 가족실로 구성이 변한다. 이것이 미국식 주택의 전형적 구성이 된다. 단독주택이든 타운하우스든 2층집을 기본으로 하되 1층에는 주방과 식당, 거실, 가족실 등 가족이 함께 모이는 장소를 두고 개별침실은 2층에 두는 구성을 갖추게 된다.

7장

프랑스의 오텔

영국과 달리 프랑스에서는 컨트리하우스의 전통이 없었다. 대신 프랑스의 봉건귀족은 수도인 파리에 마련한 오텔Hôtel에서 살았다. 이는 우리가 숙박업소를 일컬어 말하는 호텔과 같은 어원을 갖는다. 같은 철자인 Hotel을 두고 영미권에서는 호텔이라고 말하지만 프랑스에서는 오텔이라고 발음한다. 오텔의 본래 뜻은 '집'이다. 그래서 프랑스 여행을 하다 보면 시청을 Hôtel de Ville(시의 집이라는 뜻)이라 하고 우체국을 Hôtel des Postes(우편의 집이라는 뜻), 시립병원을 Hôtel-Dieu(하느님의 집이라는 뜻)라 하는 것을 알 수 있다.

중세 시대의 오텔은 농촌 안에 자리한 성채이자 영국의 컨트리하우스와 비슷해서 오텔 파르티큘리에hôtel particulier라 불렀다. 개인적인 집 혹은 사저라는 뜻이다. 그런데 봉건귀족은 중세가 끝나는 르네상스 시절부터 파리에 오텔 파르티큘리에를 짓고 살았다. 부재지주였던 프랑스 귀족에게는 파리에 마련한 오텔 파르티큘리에가 그들의 근거지이자 정체성이었다.

오텔의 출현

중세 시대에는 프랑스 귀족도 대부분 시골 영지에 마련한 성Château이나 지방의 오텔 파르티큘리에에 거주했다. 중세의 오텔은 성과 마찬가지로 높은 외벽, 해자, 방어탑 등으로 둘러싸인 독립 구조를 가지며, 외부 침입에 대비하는 방어적 요소가 강했다. 하지만 15세기 말부터 16세기에 접어들어 왕권강화와 함께 중앙집권이 강화되면서 귀족들은 점차 도시로 이주한다. 이때부터 귀족은 시골 영지를 관리하면서도 정치적 중심지인 파리에도 오텔을 마련하기 시작했다.

파리에 짓는 오텔 파르티큘리에는 귀족의 도시적 거주공간이라는 점에서, 중세 영주의 성곽주택과는 공간구성이 조금 다르다. 오텔 파르티큘리에의 시원적 형태는 중세 상인주택과 르네상스 건축이 결합된 결과이다. 중세 상인주택은 주로 협소한 대지에 세워졌으며, 1층에 상점이 있고 주거공간이 위층에 마련되었다.

르네상스 이후 이탈리아의 팔라초에서 영감을 받은 건축가들과 귀족들은 프랑스의 도시 저택을 보다 개방적이고 정돈된 배치로 재구성한다. 중심 안뜰cour d'honneur, 좌우 대칭의 평면, 정원으로의 시각적 연계 등은 이탈리아식 르네상스 질서의 이식이라 할 수 있다. 특히 프랑수아 1세 이후 루아르 계곡의 성채들이 르네상스 양식으로 개조되면서, 도시에서도 비슷한 분위기의 오텔이 유행한다.

16세기 후반부터 18세기에 걸쳐 파리는 프랑스의 정치적 중심지가 되었고 법관 귀족, 고위 관료, 금융 귀족이 파리로 몰려들었다. 이들에게는 자신의 위신과 재력을 상징할 주거공간이 필요했는데, 이는 곧 오텔 파르티큘리에의 건축으로 이어졌다. 오텔은 주로 마레 지구Le Marais, 생제르맹 지구, 팔레 루아얄 인근, 포부르 생탕투안 지역에 집중 건설되었다. 행정기관과 왕실이 가까운 노른자 땅이었기 때문이다. 초기 오텔은 본래 성에서 유래하여 내향적이고 방어적인 성격을 띤 요새와 비슷했다. 하지만 점차 평화와 안정을 되찾으면서 방어적 형태는 사라지고 과시적 형태로 변해갔다. 한편으로 이탈리아 르네상스 양식이 프랑스에 도입되면서 화려하고 세련된 장식, 대칭 구조, 정원과의 연계 등 새로운 건축 언어가 나타났다. 그러면서 오텔 파르티큘리에의 형식은 점차 정형화되어갔다.

큰 틀에서 보면 전면 파사드Façade-안마당Cour d'Honneur -본채-후면 정원으로 대별할 수 있다. 우선 가장 전면에 포르트 코셰르Porte Cochère라 불리는 마차가 드나드는 대형 출입구가 있었다. 거리에서 오텔 내부로 진입하는 관문이자 파사드를 담당하는 역할을 했다. 이를 통과하면 안쪽의 안마당으로 연결되는데 대개 코르 도뇌르Cour d'Honneur(명예의 안마당)라고 불렸다. 외부 방문객을 맞이하는 공적 공간이자, 가문의 위엄을 드러내는 장소로서 가장 화려하고 장식적인 파사드로 꾸미기도 했다. 그다음으로 코르 드 로지Corps de Logis로 불리는 본채가 있었는데, 주된 거주공간이자 건물의 중심부였다.

유럽의 집들은 1층은 대개 마차출입구, 하인들의 방 등 서비스 공간이고 2층이 주가 되는 공간인데 오텔도 그러했다. 따라서 1층에서 2층으로 올라가는 웅장하고 화려한 계단이 필요했다. 이를 위해 앙트레Entrée(입구라는 뜻)와 에스칼리에 도뇌르Escalier d'Honneur(명예의 계단이라는 뜻)라 불리는 화려하고 큰 계단을 두어 주인과 손님이 사용하도록 했다. 물론 하인들은 사용할 수 없었다. 그들은 별도의 계단을 사용함으로써 동선을 구분했다.

오텔의 구성은 U자형이나 ㄷ자형이 많았고 중앙의 커다란 안마당을 중심으로 공간이 둘러싸고 있었다. U자형이나 ㄷ자형은 필연적으로 一자형 몸체에 양옆으로 I자가 두 개 붙어 형태를 구성하는데, 이때 양옆에 붙은 두 개의 I자를 측랑(혹은 익랑)이라 불렀다. 이 측랑에 따라 공간이 어느 정도 구분되었다. 지금은 핵가족이 많지만 예전 귀족들은 가족 외 많은 하인과 집사, 가정교사, 유모, 보모 등 피고용인이 많았다. 이 많은 식구가 한 집에서 살기 위해 어느 정도 공간이 구분되어 있었다.

당시 귀족에게 가장 중요한 것은 동류 귀족들을 정기적으로 초대하여 식사를 대접하며 환대하는 일이었다. 로마 시대의 도무스에서 가장 중요한 일이 유명인사와 피보호인을 초대하여 환대하는 일인 것과 비슷했다. 당시 도무스에서 가장 중용한 방이 식당인 트리클리니움과 가장의 서재인 타블리눔이었던 것과 같이 오텔에서도 대기실-식당-연회실-서재가 중요했다. 이러한 방들은 나란히 맞붙어 일종의 조닝zoning을 구성했는데, 이를 아파르트망 드 파라드appartement de parade(과시적 공간이라는 뜻)라 불렀다.

두 번째로 안주인이 소수의 친지나 친척을 초대해 차를

프랑스의 귀족주거 오텔. 가운데 보이는
안마당을 중심으로 건물이 ㄷ자형으로
지어져 있다.

(도판출처: Wikipedia)

마시고 이야기를 나누는 공간이 있었다. 음악실-살 드콩파니Salle de compagnie(친교의 방으로 해석)-살롱으로 구성된 영역인 아파르트망 드 소시에테Appartement de société(사교적 공간이라는 뜻)가 있었다. 그 외에 침실과 그에 딸린 화장실, 욕실, 드레스룸으로 이루어진 아파르트망 드 코모디테 Appartement de commodité(편의적 공간이라는 뜻)가 있었다. 이처럼 대형 오텔은 몇 개의 아파르트망으로 나뉘어 있었다.

비슷한 시기 우리나라의 사대부가를 살펴보면 남성 가장이 머무르며 식객을 접대하는 사랑채, 안주인이 거처하는 안채 외 하인들이 생활하는 행랑채 및 별채 등 몇 개의 채로 구성되었다. 이 '채'에 해당하는 것이 아파르트망이다. 이렇듯 프랑스의 귀족은 오텔을 근거지로 자신의 위세를 과시하며 살았는데, 어느 날 갑자기 귀족들은 파리의 오텔을 떠나 전혀 낯선 곳에서 살아야 했다.

루이 14세, 베르사유를 건설하다

1643년 다섯 살의 어린 소년이 왕으로 즉위한다. 그는 장차 태양왕으로 불릴 루이 14세였지만 어린 시절 그의 생애는 순탄하지 못했다. 선왕인 루이 13세 때부터 점차 왕권을 강화하려는 움직임이 보이자 귀족의 반발이 시작되었다. 재상인 마자렝의 집 창문에 돌을 던져 시위한 이른바 '프롱드의 난'을 일으킨 것이다. 그 통에 어린 루이 14세는 섭정 모후인 어머니와 파리를 떠나 시골인 퐁텐블로에 머물러야 했다. 프롱드의 난이 잦아들어 파리로 돌아와서도 정권은 모후와 마자렝 추기경이 잡고 있었다. 마자렝이 사망하고 그가 친정을 한 때가 23세 무렵인데, 이때 가장 먼저 한 일이 루브르 궁을 대대적으로 증개축한 것이었다.

이에 그치지 않고 그는 파리 외곽의 베르사유 지역에 궁전을 지어 옮긴다. 따라서 베르사유는 일종의 신도시이자 행정도시라 볼 수 있는데, 루이 14세는 이제 귀족들은 파리를 떠나 베르사유에서 살 것을 명했다. 이때 베르사유 지역에 새로운 오텔을 지어 사는 것이 아닌 베르사유 궁전 한편에 마련된 아파르트망에서 살도록 했다. 지금 우리가 관람할 수 있는 베르사유 궁전은 당시 신축했던 베르사유의 10퍼센트 정도에 해당하는 일부이다. 그래서 주로 궁전 부분만 남아 있고 나머지는 유실되었지만 본래는 귀족을 위한 아파르트망도 함께 있었다.

루이 14세의 이러한 조치는 왕권을 강화하기 위해서였다. 앞서 영국의 엘리자베스 1세는 자신의 영지를 성처럼 삼아 살아가는 귀족들을 견제하기 위해 지방의 컨트리하우스를 방문하고 순시하는 방법을 택했다. 하지만 지방의 컨트리하우스가 아닌 도심의 오텔에서 사는 프랑스 귀족들에게는 이 방법이 통하지 않았다. 그래서 신도시를 지어 아예 이전을 시키는 방식을 취한 것이다.

귀족 입장에서는 널찍하고 안락하던 파리의 오텔을 떠나 좁고 옹색한 베르사유의 아파르트망에서 살게 된 것이다. 이들 수많은 귀족과 그들의 하인까지 함께 살기 위해 베르사유에는 1300여 개 방이 있었다. 그뿐 아니라 궁전 한가운데에는 루이 14세를 위한 7개 방으로 이루어진 '왕의 아파르트망', 왕비를 위한 '왕비의 아파르트망'이 있었다. 왕의 아파르트망은 비너스의 방, 주피터의 방, 아폴론의 방처럼 로마 신화에 나오는 신들의 이름이 붙었다.

구체적으로는 풍요의 방Salon de l'Abondance도 있었는데, 아파르트망의 입구에 해당하며 귀족, 외교관, 궁정인사가 대기하는 공간이었다. 벽면에는 귀중품, 예술품, 루이 14세의 수집품이 전시되었다. 비너스의 방Salon de Vénus은 환대의 공간으로, 왕이 손님을 접대하는 공간이었다. 장식과 천장화에 그려진 비너스는 아름다움과 왕의 미적 감각을 상징했다. 다이애나의 방Salon de Diane은 사냥의 여신 다이애나가 그려진 방으로, 남성성과 전쟁에서의 승리를 상징하는 방이었다. 당구대가 놓여 있었고, 왕이 게임을 즐기는 여가 공간으로도 사용되었다. 마르스의 방Salon de Mars은 전쟁의 신 마르스가 그려진 방이다. 군사적 승리와 전략가로서의 왕의 면모를 상징하는 방이다. 군악대 연주가 이루어지기도 했으며, 화려한 갑옷과 무기 장식이 있었다. 메르퀴르의 방Salon de Mercure은 전령의 신 메르쿠리우스의 벽화가 그려진 방이다. 금은 침대와 벽걸이, 시계 등으로 치장되어 장식의 절정을 보여주는 이 방은 공식 침실이었지만 실세로는 훨씬 수수하고 단순한 다른 방에서 잤다. 아폴론의 방Salon d'Apollon은 음악과 예술의 신 아폴론을 주제로 삼고 있다. 왕좌가 놓였던 공간으로, 궁정의식과 대표 연설이 이루어졌던 가장 상징적인 방이다.

루이 14세는 자신을 태양에 비유한 태양왕으로 유명하다. 따라서 왕의 침실Chambre du Roi은 '왕의 기상Lever du Roi'과 '왕의 취침Coucher du Roi'이라는 공개된 일상 의례가 행해지는 곳이었다. 이 공간은 단순한 침실이 아닌, 정치적인 권위의 무대였다. 침대 정면에는 왕이 미사에 참석하는 작은 예배 공간Oratoire도 있었다. 이처럼 하루의 시간에 따라 사용되는 방이 달랐고, 그에 맞는 의식이 철저히 연출되었다.

한편 왕비의 아파르트망에는 지혜의 여신으로 알려진 미네르바의 모습이 그려져 있었다. 서쪽 전면 정면 중앙, 왕의 아파르트망과 거울의 방Galerie des Glaces, Hall of Mirrors을 기준으로 좌우 대칭을 이루고 있었다. 근위병의 방Salle des Gardes은 왕비 아파르트망의 입구 공간으로, 근위병이 배치되어 왕비를 보호했다. 공식 의례의 출발점이며, 접근을 통제하는 곳이었다. 전실Antichambre은 궁정 신하, 하인, 방문객이 기다리는 공간으로, 사적 공간으로의 접근이 허락되는 지점이다. 음악 연주가 이루어지거나, 소규모 응접도 가능했다. 그리고 왕비의 침실Chambre de la Reine이 있다. 왕비의 생활과 공식 의례가 함께 수행되는 가장 중심적인 공간이었다. 왕비의 출산 시 귀족 여성들이 지켜보는 전통에 따라 출산도 이 방에서 이루어졌는데, 이는 왕위 계승의 정당성을 보여주기 위한 목적이었다. 왕과 마찬가지로 왕비의 취침의례Coucher de la Reine도 일부 제한된 귀족들 앞에서 행해졌다. 대형 응접실Grand Cabinet은 왕비가 가까운 신하나 내빈을 맞이하던 공간이다. 여성 친족이나 귀족 부인들 사이의 비공식적 담화, 자수, 독서, 정치적 교류가 이루어지면서 왕비가 정치적 영향력을 행사하던 곳이기도 했다. 작은방 겸 화장실Petit Cabinet, Cabinet de Toilette은 왕비의 화장, 독서, 친밀한 대화, 개인 시간을 위한 공간이었다. 예배실Oratoire은 왕비 개인의 예배 장소로 소규모 미사, 묵상, 기도 등의 활동이 이루어졌다. 왕의 예배실과 비슷한 구조이되, 더 작은 규모와 장식으로 구성되었다.

일반적으로 왕조국가에서 수도를 옮기는 일은 귀족세력을 견제하여 왕권을 강화하기 위한 목적으로 행해지는데, 그 점에서 베르사유는 그 몫을 충분히 했다. 이제 귀족들은 태양왕 루이 14세 곁에 해바라기처럼 머물면서 그의 총애를 기다려야 했다. 왕의 총애를 받기 위해서는 외모와 옷차림도 중요했지만 재치 있는 말솜씨와 예절 바르고 우아한 태도도 한몫했다. 프랑스 귀족을 일컬어 궁정귀족이라 하고 섬세하고 세련된 프랑스 예절을 에티켓이라 부르는 것은 이러한 문화적 배경에서 나왔다.

루이 14세가 죽고 수도를 잠시 파리로 옮긴 적도 있다. 하지만 곧 재천도를 하면서 베르사유는 행정수도 역할을 톡톡히 했다. 그리고 루이 16세 시절이던 1789년 프랑스 대혁명이 일어난다. 군중의 기세에 놀란 루이 16세와 마리 앙트와네트는 화려한 베르사유를 떠나 다시 파리로 돌아와야 했다. 당시 루브르 궁은 오래 비워둔 탓에 많이 낡아 있었다. 하는 수 없이 왕과 왕비는 튈르리 궁에 머물렀다. 프랑스 왕실로 시집온 메디치 가의 왕비 카트린이 지은 궁전이다. 본래 르네상스문화의 산실이던 피렌체의 팔라초를 모방해 지음으로써 르네상스문화를 프랑스에 이식하는 역할을 한 궁전이다. 그곳에서 루이 16세와 마리 앙트와네트는 결국 처형된다. 왕실이 사라지면서 궁전은 미술관이 되어 시민에게 개방된다. 그리고 그 왕실을 따르던 귀족들의 오텔도 새로운 국면을 맞이한다.

8장

프랑스
부르주아의 집,
아파트망

에든버러, 프라이부르크, 잘츠부르크 등 유럽의 도시명에는 버러, 부르크로 끝나는 경우가 많다. 이때 버러, 부르크는 본래 성城이라는 뜻으로, 중세의 성채도시가 성장하여 근대에 도시가 된 경우이다. 그리고 이 성안에 살던 사람이 부르주아였다. 영국의 젠트리에 해당하는 프랑스의 중산 계층인데 이들이 18세기에 혁명을 일으켜 왕정을 종식시켰다. 그렇다면 당시 부르주아들이 살던 집은 어떠했을까?

사라진 오텔

17세기는 부르주아 계층이 등장하던 시기이다. 당시 파리와 리옹, 마르세유 등의 도시들이 성장하면서 상공업자, 수공업자, 도매상은 물론 법률가, 의사, 약사, 작가, 교사, 학자 등의 직업을 가진 전문직 종사자들도 중간 계층으로 부상했다. 아울러 국가 행정의 전문화로 행정관료화된 부르주아도 생겨났다. 18세기에 이르러 부르주아는 단순한 경제계급이 아닌, 문화 계층으로서의 정체성을 드러내기 시작했다. 구체적으로는 수입과 부에 따라 가구, 옷, 그림, 책 등을 구매하며 자기 정체성을 표현했고 귀족과는 다른 시민적 세련됨을 드러냈다. 이들은 귀족의 취향을 모방하면서도, 도덕성과 실용성을 강조한 부르주아적 스타일을 고집했다. 그리고 이들이 1789년 프랑스대혁명을 일으켰다.

당시 국왕인 루이 16세와 마리 앙트와네트는 신도시 베르사유에 있다가 혁명이 일어나자 파리로 돌아와 튈르리 궁전에 머물게 되었다. 그리고 3년 후인 1792년 혁명광장에서 처형당했다. 왕정이 종식되고 왕실이 사라지면서 위기를 느낀 귀족들도 하나둘 해외로 망명하면서 그들이 살던 오텔은 비게 되었다. 혁명 이후 귀족 계급의 몰락과 함께 오텔 파르티큘리에의 소유 구조가 흔들렸다. 많은 오텔이 국유화되거나 경매에 부쳐졌고, 새로운 부르주아가 이를 매입해 분할 임대용 주택이라 할 수 있는 아파트르멍으로 사용하는 경우가 생겼다. 혹은 병원, 학교 등으로도 사용되었다. 학교, 병원, 새로운 관청 건물 등은 근대 국가의 전환기에 필요한 건물인데, 옛 오텔을 헐고 그 자리에 새로운 시설을 지은 것이다.

한편 이 당시 파리 시내는 연일 시위로 조용할 날이 없었다. 18세기까지만 해도 파리는 중세도시와 같았다. 길은 좁고 구불구불했는데, 시위대는 좁은 골목길을 바리케이드로 막은 후 돌을 던지는 이른바 바리케이드전을 주로 벌였다. 이러한 혼란기에 1848년 나폴레옹 3세가 정권을 잡아 스스로 황제가 된다. 그러면서 그는 오스만 남작을 파리 시장으로 임명하고 대대적인 파리 재개발 작업에 착수한다. 우선 바리케이드전의 진앙지이던 구불구불한 골목길을 없애고 도시 전체에 방사선형 도로망을 건설한다. 격자형과 달리 방사선형 도로는 중앙의 구심점이 생기는데, 그곳에 개선문이 있는 광장을 두었다.

개선문을 구심점으로 삼아 12개의 도로가 뻗어나가는 현재 파리의 모습은 1850년대 대대적인 도심재개발의 결과로 탄생한 것이다. 좁고 구불거리던 도로가 일직선으로 넓어지면서 바리케이드를 이용한 시위도 자취를 감추었다. 중앙의 개선문을 중심으로 열두 방향으로 뻗어나가는 도로가 파놉티콘의 역할을 했으므로 시내 어느 곳이든 시위가 발생하면 곧바로 달려가 진압할 수 있었다. 1850~1870년대 오스만 남작의 파리 도시계획 개조는 기존의 오텔들이 자리 잡고 있던 마레 지구, 생제르맹, 팔레

루아얄 인근을 관통하는 대로를 개설한 것이라 할 수 있
다. 이 과정에서 많은 오텔이 철거되거나 도로망에 편입되
었다.

오텔이 철거되고 그 자리에 들어선 것이 아파르트망이
었다. 이는 본래 오텔에서 공간을 구분하던 조닝에 해당하
는 용어였는데, 19세기 중반에 새로 지은 건물도 아파르
트망이라 불리게 된다. 이 건물들이 아파르트망 별로, 다
시 말해 조닝이나 층별로 임대되었기 때문이다. 오텔의 넓
은 공간은 핵가족인 부르주아의 수요에 맞게 분할되었고,
내부는 종종 파티션 설치, 층간 나누기, 엘리베이터 설치
로 그 원형이 크게 변형되었다. 정원은 주차장이나 부속
건물로 전용되고, 마차 출입문은 상점 정면 출입구로 바뀌
게 되었다.

아파르트망의 등장

지금도 파리 시내를 걷다 보면 7층 높이의 아파르트망
들이 균질하게 시내를 뒤덮은 것을 볼 수 있다. 당시 아파

르트망은 20미터 이하로 높이제한이 있어서 거의 모든 건물이 6~7층 높이로 통일되었다. 아파르트망 1층에는 빵집, 카페, 꽃집, 약국 등 상점이 있고 2층부터 7층까지 아파트가 있는 형식이다. 우리의 시각으로 보면 일종의 상가주택이라 할 만하다. 이때 2층을 '아름다운 층'이라는 뜻으로 벨 에타주Bel étage라 부르는데, 층고가 높고 큰 발코니가 붙는 등 가장 화려하게 꾸몄다. 건물의 주인이 사는 경우가 많고 임대를 주었다 해도 임대료가 가장 비쌌다.

3층은 2층보다 못하지만 그래도 화려하고 안락한 편이었다. 4~5층은 집도 좁고 임대료도 훨씬 저렴했다. 6층은 대개 단칸방으로 이루어졌고, 7층은 하녀의 방이었다. 보통 2~3층의 집에 고용되어 일하는 하녀들이 밤이 되면 7층의 다락방으로 올라가 잤다. 그리고 1층의 상점 뒤편으로는 건물 전체를 관리하는 집사 겸 문지기의 살림집이 있었다. 이러한 구성은 고대 로마의 도무스와도 비슷해서, 2000년간 이어진 서양주거의 원형이라 할 만하다.

부유하고 화려했던 벨 에타주의 내부구성은 공적 공간, 사적 공간, 서비스 공간으로 나눌 수 있다. 우선 현관에 해당하는 앙트레Entrée가 있었는데 실내로 들어서는 첫 관문

프랑스 아파르트망의 모습. 1층부터
7층까지 이루어졌는데, 요즘의 시각으로
보면 상가주택과 비슷한 모습이다.

(도판출처: Pexels)

으로서 거울, 우산꽂이, 코트걸이 등을 두었다. 그리고 가장 중요한 살롱Salon이 있었다. 외부 손님을 맞는 대표적인 공적 공간으로 벽난로, 거울, 가구, 샹들리에 등 장식적 요소가 집중되었으며 큰 창, 발코니가 설치되었다. 한편 살아 망제Salle à manger라 불리는 식당도 있었다. 가족 및 손님과 식사하는 공간으로 벽면 선반, 그릇장, 크리스털 조명 등이 사용되었다. 식탁은 계절과 행사에 따라 세팅을 바꿔 화려하게 꾸미곤 했다. 끝으로 샹브르Chambre, 즉 침실이 있었다. 거주자의 성별과 계층에 따라 몇 개가 필요했는데, 대개 부모 침실, 아이 방, 손님 방으로 이루어져 있었다.

한편 여성 주인의 사적 공간이라 할 수 있는 부두아르Boudoir, 카비네Cabinet도 있었다. 영어에서 캐비닛은 서류 등을 모아두는 철제 수납공간을 이르지만 본래 프랑스에서는 작은 골방을 지칭하던 말이다. 이후 카비네가 주로 의상실로 사용되면서 수납의 의미가 더해졌다. 그리고 뒤편으로 퀴진Cuisine, 즉 주방이 있었다. 연기와 냄새를 차단하기 위해 손님 공간과 철저히 분리되었는데, 19세기 후반부터 수도와 가스가 도입되면서 위생이 개선되었다. 끝으로 하인을 위한 동선과 방이 별도로 마련되어 있었는데 뒷계단, 하인용 다락방, 별도 출입문이 있었다.

영국의 타운하우스와 비교했을 때 프랑스 아파트르멍의 가장 큰 특징은 서로 다른 계층이 계단과 출입구를 공유하며 한 건물에서 함께 산다는 점이다. 영국의 젠트리에 해당하는 신흥중산층이 프랑스의 부르주아이기 때문에, 젠트리들이 살던 타운하우스에 해당하는 것이 아파르트망이다. 그런데 타운하우스가 철저히 같은 계층끼리 살았던 것에 비해 아파르트망은 서로 다른 계층들이 어울려 살았고 일반적으로 자신의 윗집이 자신이 사는 세대보다 조금 가난한 편이었다. 다른 가족이 자신의 위층에 사는 것을 견딜 수 없어서 타운하우스에 살던 영국의 젠트리와 비교하면 프랑스의 부르주아는 관대하다고 할 만한데, 집안 내부 구성에서도 차이가 있었다.

벨 에타주였던 2층의 아파르트망을 보면 살롱과 식당이 있고 그 규모에 따라서 대기실이나 작은 살롱이 있는 경우를 제외하고는 나머지는 대개 침실이었다. 즉 영국의 타운하우스와 같이 팔러, 드로잉룸이 따로 구분되어 서로 다른 층에 자리 잡거나 하는 복잡하고 위계적인 구성은 존재하지 않는다. 한 가족이 한 층을 다 사용하는 구조이기 때문에 층별 구분이 불가능했던 이유도 있거니와 영국과 같은 엄격한 공간구분이 없던 것도 한몫했다. 무엇보다 식사 후에 남성과 여성이 따로 모이는 영국식 문화 대신 남녀가 같이 어울려 이야기를 나누는 프랑스식 문화 때문에 살롱은 하나만 있으면 되었다.

영국의 타운하우스에서 남성 가장은 팔러와 서재를 사용하고 여성은 드로잉룸을 사용했다. 그리고 이 드로잉룸은 두세 개인 경우도 있었다. 하지만 남성, 여성이 공간을 사용하는 데 따른 구분이 프랑스에서는 없었고 그저 살롱 하나로 통일되었다. 또한 가장 격식을 갖추어야 할 살롱 옆에 침실이 맞붙어 있는 것도 예사였다. 아울러 같은 계층끼리 비교했을 때 영국식 타운하우스보다 벨 에타주의 아파르트망이 조금 협소했다. 이유는 여러 가지겠지만 같은 시기 영국에 비해 레스토랑이나 카페가 프랑스에서 더 발달한 것도 한몫했다.

살롱문화

지금도 우리가 북살롱, 음악살롱이라는 말을 쓰듯이 살롱은 문화의 산실 역할을 한 것으로 유명하다. 영국의 젠트리에 비해 집은 좁았지만 뛰어난 살롱문화가 프랑스의 자랑이었다. 프랑스의 살롱Salon은 단순한 사교 모임이 아니라, 계몽주의와 근대 시민 사회 형성의 원동력이 된 문화 현상이라 할 만하다. 특히 17세기 후반에서 18세기 말까지 파리를 중심으로 발전하며, 귀족 여성의 응접실에서 벌어진 지적, 사회적 교류의 장으로 자리 잡았다.

살롱의 어원은 이탈리아의 살로네salone(큰 방이라는 뜻)에서 유래했으며, 귀족 저택의 응접실에서 열린 비공식적 사교모임을 가리킨다. 17세기 초 프랑스에서 마담 드 랑부예Mme de Rambouillet가 자신의 오텔에 문인, 귀족, 정치가를 초대한 것이 살롱문화의 시초가 되었다. 이후 루이 14세의 고전적 궁정문화와 더불어, 귀족 여성들이 영향력을 행사하는 공간으로 살롱을 발전시켰다.

살롱에서는 문학, 철학, 정치, 예술, 패션까지 다양한 주제의 토론이 이어졌고 낭독회와 즉흥시 짓기, 음악 연주,

그림 전시도 함께 이루어졌다. 그래서 살롱을 통해 유행어, 패션, 문화 흐름이 퍼져나갔다. 특히 계몽기에는 디드로의 『백과전서』, 루소의 『교육론』 등이 살롱을 통해 확산되기도 했다. 오텔이 대규모 사교, 연회의 중심이었다면 아파르트망에서는 가족 중심의 내향적 생활, 책 읽기, 음악 감상, 살롱에서의 대화 중심의 문화가 펼쳐졌다. 프랑스혁명 이후 구귀족의 몰락과 함께 전통적 살롱은 쇠퇴했지만, 19세기 후반에 문학살롱, 예술살롱, 정치살롱 등의 형태로 부르주아 계층에서 이어졌다. 20세기에는 문학 카페, 살롱 드 뮈지크, 그리고 오늘날의 북클럽, 지적 모임 등으로 문화가 확장되었다.

9장

제국주의
시대의
콜로니얼 하우스

유럽은 18~19세기에 제국주의 시대에 이른다. 이는 영국과 프랑스를 필두로 독일, 네덜란드 등이 아시아와 아프리카에 식민지를 개척한 일이었다. 그리고 그들이 거처하기 위한 주택을 식민지 도시에 짓기 시작하는데, 이때 지어진 주택 양식을 콜로니얼 스타일Colonial Style이라고 한다. 이름조차 식민지 양식이라 불렀던 이들 주택은 어떤 모습이었을까?

언덕 위의 하얀 집

일반적으로 식민 도시에 지어지는 집들은 식민지배를 했던 나라의 주거양식을 따르면서 식민지배를 당하는 나라의 기후와 풍토에 맞춘 절충형의 주택이 된다. 여기에 지배와 관리를 위한 요소가 첨가되면서 독특한 유형을 창출하게 된다. 제국주의 시대에 그 주체가 되었던 영국, 프랑스, 독일, 네덜란드는 위도가 높아 겨울이 긴 지역의 나라들이다. 한편 식민지배를 받던 남아시아, 아프리카 등은 위도가 낮아 여름이 길고 더운 곳이다. 따라서 유럽의 겨울집을 아시아와 아프리카의 여름 나라에 지으면서 몇 가지 변형과 적응이 일어나게 된다.

당시 유럽 사람들이 식민지를 개척할 때 가장 두려워했던 것은 말라리아를 비롯한 열대의 풍토병이었다. 이러한 질병이 열대와 아열대의 무덥고 습한 공기, 더럽고 오염된 냄새 등에 의해 유발된다고 막연히 생각했던 유럽인들은 거주지에 있어 현지인과 거리를 두려고 했다. 그래서 저지대에 자리 잡았던 현지인의 마을과 떨어져 언덕 위에 자리를 잡게 된다. 지금도 홍콩에 가보면 유럽 백인들의 마을이 언덕 위에 있던 흔적이 조금 남아 있는데, 이것이 식민도시의 일반적 현상이었다. 유럽인 마을은 언덕 위에 있다 하여 힐 스테이션Hill Station이라고 불렀는데, 이후 중산층이 사는 부유한 마을을 지칭하는 것으로 의미가 변해 지금까지 사용되고 있다.

그다음으로 주택은 뜨거운 일사를 피하기 위해 흰색 페인트로 칠할 뿐 아니라 실내 곳곳에서도 흰색을 많이 사용하였다. 19세기는 프랑스에서 파스퇴르, 독일에서 코흐가 등장하여 질병이 세균에 의해 감염된다는 것을 밝혀낸 때이기도 했다. 세균을 제거하기 위해서는 청결이 우선이었고 때가 탔을 때 금방 알아볼 수 있는 흰색을 선호하게 되었다. 그래서 속옷을 비롯하여 냅킨, 손수건, 앞치마, 식탁보와 커튼에 이르기까지 흰색이 두루 사용되었으니, 당시 흰색은 단순히 청결의 의미를 넘어 진보와 문명의 상징이기도 했다.

이러한 이유 때문에 주택에서 흰색을 많이 사용하면서 말 그대로 '언덕 위의 하얀 집'이 등장하게 되었다. 또한 더운 나라에서 모기나 해충이 옮기는 질병도 두려운 요소였는데, 모기를 비롯한 벌레들은 물웅덩이에 알을 낳는 습성이 있었다. 따라서 물이 고이기 쉬운 웅덩이를 없애기 위해 마당에는 빈틈없이 잔디를 깔았다. 아울러 우기에 비가 내렸을 때 빗물이 빨리 빠지도록 지붕의 경사도를 급하게 하면서 '뾰족지붕'을 갖게 되었다.

주택은 대개 2층집이 많았는데, 이는 영국식 타운하우스의 영향이기도 하지만 언덕 위에 자리 잡은 2층에서 아래에 있는 현지인 마을을 내려다볼 수 있다는 이점도 있었다. 혹시라도 폭동이나 소요가 발생했을 때 얼른 알아차리고 진압할 수 있기 때문이다. 이때 2층 지붕 밑 다락에 뻐꾸기창을 만드는 경우가 많았는데, 흔히 낭만적 요소

콜로니얼 하우스. 푸른 잔디밭을 배경으로
서 있는 하얀 집은 콜로니얼 하우스의
전형이다.

(도판출처: Pexels)

로 생각하기 쉽지만 본래 목적은 감시용 창이었다. 그리고 주택 외부에는 테라스, 포치 등이 설치되어 무더운 여름을 견딜 수 있게 해주었다. 한편 가족 단위로 이주했을 때 함께 따라온 여성과 아이들은 현지인의 폭행이나 모욕, 납치의 위험 때문에 외출이 쉽지 않은 것이 현실이었다. 그래서 이들이 온종일 집 안에 머물러도 심심하지 않도록 마당에는 파고라를 설치해 등나무를 심었고 그늘에는 그네와 벤치를 두었다.

푸른 잔디를 바탕으로 언덕 위에 자리 잡은 하얀 집, 뾰족지붕을 한 채 뻐꾸기창이 설치된 2층집, 마당에 마련된 그네와 벤치, 이 모든 요소를 합쳐보면 "저 푸른 초원 위에 지어진 그림 같은 집"이 되는데 이것이 콜로니얼 스타일의 집이다. 흔히 유럽에서 이런 집을 짓고 살았다고 생각하기 쉽지만 중세나 근세에 고밀한 도시주거의 형태로는 나올 수 없는 양식이다. 대신 땅이 넓은 식민지에서나 가능한 형태였다. 이러한 콜로니얼 스타일의 집 이른바 콜로니얼 하우스Colonial House는 유럽이 식민지로 삼았던 아시아와 아프리카에 지어지게 된다. 그리고 이를 진보와 문명의 상징으로 적극 받아들인 나라가 있었으니 일본이었다.

일본의 문화주택

일본은 1603년 도쿠가와 이에야스가 정권을 쥔 이래 19세기 중반까지 도쿠가와 막부가 사실상 일본을 지배하고 있었다. 막부는 1630년대부터 외국에 대해 엄격한 쇄국정책을 실시하면서 서양과는 몇몇 항구에서 제한적 교류만 허용하고 있었다. 그런데 1867년 15세의 연소한 나이로 즉위한 메이지 일왕이 막부로부터 정권을 이양받아 친정을 실시하고 이듬해인 1868년 메이지 유신을 실시함으로써 일본은 커다란 변화를 겪는다. 260여 년 가까이 막부의 칼이 지배하던 세상이 갑자기 문치의 시대에 접어든 것이다.

곳곳에서 문명개화의 바람이 일면서 '문화'는 시대의 아이콘이 되어갔다. 그뿐 아니라 오랜 시간 잠겨 있던 쇄국의 빗장이 풀리면서 서양의 발달한 문명이 일시에 들이닥쳤다. 모든 새롭고 혁신적인 것에는 '문화'라는 수식어가 붙으면서 '문화 손수건'에 '문화 나이프'라는 말까지 등장했다. 당시 일본은 미개한 아시아를 탈피하여 선진적인 유럽의 대열에 합류한다는 의미의 '탈아입구脫亞入歐'를 기치로 내세우면서 모든 곳에서 유럽의 발달한 문명을 받아들였다.

당시 유럽에서 크게 유행하던 식민지 양식의 콜로니얼 하우스도 일본의 주거문화에 영향을 끼쳤다. 메이지 시대부터 일본은 도심 중산층이 증가하면서 새로운 주거유형이 필요했다. 기존의 일본주택은 상류층은 무가주택武家住宅이라 하여 막부들이 휘하의 많은 무사를 거느리고 살기에 적합한 대형 주택이었다. 그래서 도심 중산층이 살기에는 적당하지 않았다. 한편 일찍이 상공업이 발달한 일본에서는 상인주택이라 부를 만한 마치야町屋, 나가야長屋가 있었다. 이는 중세 유럽의 상인주택과도 같은 세장형 주거였는데, 1층 전면에 상점이 마련되어 있어 도심의 샐러리맨이 살기에는 적당하지 않았다.

핵가족이 살아가기 위한 새로운 주택 유형이 필요하던 차에 콜로니얼 하우스는 새로운 주거유형의 창출에 영향을 끼쳤다. 메이지 일왕이 1912년 사망한 후 다이쇼 시대가 시작되던 1920~1930년대 일본에서는 문화주택이 크게 유행했다. 서양식 주택에 일본의 전통 다다미방이 부가된 이른바 화양절충식 주택이었다. 서양에서 유행하던 콜로니얼 하우스가 근대주택의 이상적 형태 가운데 하나로 변형되어 문화주택에 스며든 것이다.

문화주택은 일본 전통 주택[和風]과 서양 건축 요소[洋風]를 혼합한 화양절충和風洋風의 주택이었다. 예를 들면 일본 전통의 기와지붕에 서양의 유리창과 입식 부엌을 도입하는 식이었다. 콜로니얼 하우스 역시 본국의 건축양식과 현지의 기후, 자재를 절충한 주택이었다. 이를테면 영국식 튜더 양식에 무더위를 견디기 위한 베란다와 차양을 부가하는 식이었다. 아울러 계층적 이해관계도 일치했다. 문화주택은 일본 내 중산층을 겨냥한 주택이었고 콜로니얼 하우스는 관료, 상인, 선교사 등의 주택이었다.

문화주택은 콜로니얼 하우스와 여러 면에서 유사했는데, 이러한 문화주택은 식민지 상황에서 일본과 실시간 문화를 교류했던 조선에도 상륙한다. 그리하여 1920~1930년대 조선에서도 문화주택이 크게 유행한다. 당시 조선총독부는 위생과 통제를 목표로 식민지 도시계획을 수립한다. 근대도시 규범의 표면을 취하면서도, 실질적으로는 일본인과 조선인의 주거지를 분리하여 구획하는 도시계획을 실시한 것이다. 주요 도시는 일본인 거주지[內地人街]와 조선인 거주지[朝鮮人街]를 구분하여 계획되었으며, 도로망, 상하수도, 공원, 학교는 일본인 거주지에 주로 배치되었다.

조선총독부는 일본인 관료, 교사, 경찰, 기술자 등 식민 지배자들의 주거 안정을 최우선으로 삼았다. 주택정책은 공영 관사官舍 공급과 민간 택지 분양의 두 가지 경로로 진행되었는데, 이 과정에서 문화주택이 일본인 중산층에게 적합한 주거형태로 자리 잡았다. 경성, 평양, 원산 등 주요 도시에는 일본인 거주 전용 지역이 조성되어 문화주택이 지어졌다. 예를 들어 한양에는 용산, 한강로 일대에 군, 철도, 행정 관료지가 밀집되어 있었다. 용산 일대(한강로, 신계동, 이촌동)는 한양 내 대표적인 일본인 거주지였다. 1910년대 후반부터 철도국, 군사령부 관사 외에도 민간 분양 문화주택이 등장했다. 근대 문화주택의 초기 모델이 집중적으로 건설되었는데 2층 목조 또는 혼합조, 발코니, 양식 지붕, 장식 창호 등 일본 내 문화주택 트렌드를 반영했다.

한편 동빙고와 청량리는 교외형 주택지이자 고위 관료 및 가족 중심의 주택지였다. 총독부의 관사주택 역시 문화주택과 유사한 구조를 띠고 있었다. 대부분 단층 혹은 2층의 목조와 조적조의 혼합 구조였으며, 거실 중심 구성, 독립된 부엌, 욕실, 화장실, 하녀 공간의 분리가 특징이다. 관사의 평면 구조는 일본의 표준형 문화주택과 유사했다. 특히 동빙고 일대(용산구 동빙고동)는 조선총독부 고위 관료 및 군 장교를 위한 고급 관사 지역으로 개발되면서 문화주택이 유입되었다. 그리고 1930년대에는 민간 건축도 문화주택 형태로 건축되어 '목조+서양식 벽돌 마감'에 유리창과 벽난로, 모자이크 타일 욕실을 특징적 요소로 두었다. 청량리 일대(동대문구 제기동, 전농동)는 1920년대 후반부터 철도역세권 개발과 택지 분양 사업이 병행되며 일본인과 조선인 중산층이 함께 유입되었다. 문화주택 양식의 민간주택이 집중적으로 지어졌다.

이러한 문화주택은 조선에 지어지는 과정에서 한 번 더 변형을 겪었다. 서양식과 일본식이 조합된 화양절충식 주택에 조선의 온돌방까지 붙어 한 지붕 아래 양식과 일본식, 조선식이 동거하는 주택이 탄생한 것이다. 구체적으로 말하자면 페치카에 카펫이 깔린 입식의 서양식 거실에 일본식 다다미방과 한국식 온돌이 있는 식이었다. 해방이 되고도 문화주택은 그 이름 그대로 불리면서 새로이 등장한 도심 샐러리맨이 선망하는 주택이 되어갔다.

불란서주택, 새마을주택, 전원주택

본디 유럽의 식민지에서 기원한 콜로니얼 하우스는 문화주택이라는 이름으로 1960년대까지 우리나라에 지어졌다. 1960년대 이후 서울을 비롯한 전국 주요 도시에는 농촌 이주민과 산업 근로자가 몰리면서 인구가 폭발적으로 증가했다. 1960년 약 240만 명이던 서울 인구는 1970년 약 540만 명으로 10년 만에 2배 이상 증가했다. 아파트가 보편화되기 전까지 공무원, 교사, 소상공인, 자영업자 등 도시 중산층이 대부분 문화주택을 지어 살았다.

문화주택은 '세련되면서도 실용적이고 비교적 저렴한 근대식 주거'였다. 구조는 주로 목조 또는 시멘트 블록조, 지붕은 슬레이트 또는 시멘트 기와가 사용되었고 평면은 거실-안방-부엌-자녀방으로 구성된 형식이었다. 그리고 이러한 문화주택은 1970년대 서울 지역을 중심으로 불란서주택으로 리바이벌된다. 마당을 낀 2층 양옥집이었는

지금도 남아 있는 불란서주택. 뻐꾸기창이
설치되고 흰색 페인트를 칠한 것이
인상적이다.

(도판출처: 서윤영)

데, 지붕의 양쪽 기울기가 서로 달라 불란서지붕이라 불렸고 바로 이 지붕을 한 주택이 불란서주택이었다. 실제 프랑스에서는 이런 지붕이 사용되지 않았고 다만 1970년대 서울 지역에서 크게 유행한 형태였다.

그럼에도 불구하고 불란서라는 명칭이 붙은 이유는 당시 불란서가 '서구적인, 현대적인, 선진적인, 멋지고 낭만적이고 세련된'이라는 뜻을 두루 갖춘 형용사처럼 사용되었기 때문으로 추정해볼 수 있다. 비단 주택뿐 아니라 제과점이나 빵집에도 불란서라는 이름이 자주 붙었으니 당시 불란서는 메이지 시대와 다이쇼 시대의 '문화' 같은 의미로 사용되었을 것이다. 이러한 불란서주택이 1970~1980년대까지 서울, 경기 지역을 중심으로 널리 지어졌다.

한편 당시 농촌에서는 새마을운동이 한창이었다. 〈새마을 노래〉에 "초가집도 없애고"라는 가사가 등장하듯이 당시 가난의 상징이던 초가집을 헐고 대신 새로운 스타일의 양옥집이 새마을주택이라는 이름으로 지어졌다. 이는 도시의 불란서주택의 농촌식 번안이라고 볼 수 있으니 새마을주택 역시 그 근저에는 콜로니얼 하우스가 있다고 하겠다.

　새마을주택과 불란서주택은 국가 주도의 근대화 프로젝트 속에서 보급된 표준형 주거라는 점에서 공통점을 가진다. 우리나라는 1970년대 고도 성장기를 지나 1980~1990년대가 되면 그 성장의 열매를 조금 맛볼 수 있게 된다. 자동차 보급이 확산되고 때맞추어 서울과 대도시에 아파트가 들어서면서 대도시 근교에 마련된 전원주택, 별장 주택이 크게 유행한다.

　30년이 지난 지금도 전원주택 담론에서 자유롭지 못한 실정인데, 전원주택을 광고하는 회사의 홈페이지에 단골로 등장하는 이미지가 있다. 푸른 잔디밭이 깔린 마당, 마당 한구석에 놓인 벤치와 그네는 주로 흰색이다. 경사지붕과 뻐꾸기창을 가진 2층 주택, 그야말로 저 푸른 초원 위에 지어진 그림 같은 집인데, 그 원류는 18~19세기 유럽에서 유행한 콜로니얼 하우스이다.

10장

개량한옥

서울의 북촌과 서촌은 한옥마을로 유명한 곳이어서 한옥을 개량한 식당과 카페를 많이 볼 수 있다. 지금의 서울이 강남과 강북으로 나뉘듯이 조선의 한양도 북촌과 서촌은 물론 동촌과 남촌으로 나뉘어 있었다. 그렇다면 왜 북촌과 서촌만 유명하고 남촌과 동촌은 사라졌을까? 그곳은 어디쯤이었을까?

한양의 도시계획

한양은 조선의 건국과 함께 수도로 정해져 체계적인 도시계획 아래 만들어진 계획도시였다. 한양에서 중요한 시설은 모두 다섯 곳이 있었고, 이를 어디에 두어야 할지를 정해놓았으니 요약하면 전조후시前朝後市, 좌묘우사左廟右社라 할 수 있다. 이는 도성의 한가운데 궁궐을 두고 앞쪽에는 조정, 뒤쪽에는 시장을 두고 왼쪽에는 종묘, 오른쪽에 사직을 둔다는 뜻이었다. 북악산 아래 경복궁이 남향을 하고 있으니 근정전에 왕이 앉아 있으면 왼쪽이 동쪽이고 오른쪽이 서쪽이 된다. 그리고 앞쪽이 남쪽이고 뒤쪽이 북쪽이 되는데, 한양은 이 방향에 따라 종묘와 사직, 조정이 배치되었다.

종묘는 현재 종로3가에 있어 동쪽에 해당하며 사직, 곧 사직공원은 현재 경복궁을 기준으로 서쪽에 있다. 또한 경복궁 앞쪽은 현재 광화문 광장의 자리인데 조선 시대에는 의정부와 의금부를 비롯한 6조 관청이 있어 육조거리라고도 불렀다. 그런데 후시에 해당하는 경복궁 뒤편으로는 북악산과 북한산이 중첩되어 있어 시장을 둘 만한 장소가 없었다. 대신 시장은 사람과 물류의 이동이 편하도록 종로와 청계천변에 두었다.

한편 궁궐의 경우 조선의 건국과 함께 경복궁이 지어졌으나 조선 초기 이방원이 왕자의 난을 일으켜 왕이 된 후 경복궁 동편에 창덕궁을 지어 이어했고 이후 성종조에 창경궁도 지었다. 창덕궁과 창경궁은 서로 나란히 맞붙어 있을 뿐 아니라 경복궁을 기준으로 동쪽에 있다 하여 동궐이라고도 불렀다. 실제로 조선왕조 500년을 통틀어 역대 왕들이 주로 생활했던 곳은 북궐인 경복궁이 아니라 동궐인 창덕궁과 창경궁이었다. 그리고 북촌이니 서촌이니 하는 명칭도 경복궁을 중심으로 붙여졌다.

우선 지금의 가회동, 계동, 재동, 삼청동, 팔판동은 조선 시대 북촌이라 불리는 최고의 부촌이었다. 위치상 경복궁과 창덕궁, 창경궁 사이에 자리 잡은 요충지이기도 해서 궁궐이나 육조거리로 출퇴근하는 고위관료들이 모여 살았다. 한편 지금의 통의동, 누하동, 필운동 등 경복궁 서쪽에 자리 잡은 동네를 서촌이라 불렀는데, 궁궐로 출퇴근하는 내관이나 하위관료들이 주로 살았다. 한편 동촌은 현재 이화동, 혜화동, 명륜동을 이르는 말이었다. 조선의 최고 학부였던 성균관이 있어 마치 요즘의 대학가와 같은 독특한 문화가 형성된 곳이었다.

이를테면 조선 시대에는 흉년이 들었을 때 곡식으로 술을 빚어 마시는 것을 금지하는 금주령이 자주 내려지곤 했는데, 동촌에서는 금주령 기간에도 성균관 제사에 쓰기 위해 술을 빚는 것을 허용했다. 또한 조선 시대에 소는 농사에 쓰이는 귀한 가축이어서 함부로 도살하는 것이 금지되었지만 동촌 일대에서는 성균관 제사에 쓴다는 명목으로 소를 잡을 수 있었다. 그러니 소고기와 술을 먹을 수 없는 기간에도 동촌에 가면 항상 술과 고기가 있었다.

한편 당시 소를 잡는 것은 백정의 몫이었고 소를 잡고

나면 그 부산물인 소가죽으로 신을 만드는 것은 갖바치였
는데 이들도 동촌에 함께 살았다. 조선 시대 최고학부였던
성균관의 유생과 백정, 갖바치가 어울려 독특한 문화를 형
성했던 곳이 동촌이었다. 끝으로 남촌은 지금의 명동과 회
현동 등 남산 일대에 해당하는 지역이다. 남산골 샌님이라
는 말도 있듯이 초시에만 합격하고 본과에 합격하지 못해
과거를 준비하는 유생, 벼슬하지 못한 양반, 무반이 주로
살았다.

그러던 중 일제강점기가 시작되면서 동촌에는 경성제
국대학이 들어서 그야말로 대학로가 되었고, 남촌에는 일
본인 마을이 들어서면서 옛 기와집들이 빠르게 헐리었다.
한편 전통적인 북촌의 넓은 집들도 팔려나가거나 필지가
작게 나뉘어 팔렸다. 그리고 그 자리에 들어선 것이 개량
한옥이었다.

개량한옥의 등장

기존의 전통한옥이 근대적으로 개량되었다는 뜻의 개

량한옥은 1920~1930년대 북촌과 익선동, 돈암동, 보문동, 신설동 등지에 많이 지어졌다. 당시는 일제강점기여서 서울을 비롯한 대도시 곳곳에 일본인 마을이 생기면서 일본식 주택이 지어졌다. 대표적인 것이 문화주택 그리고 현 토지주택공사의 전신이라 할 수 있는 주택영단에서 지은 영단주택이었다. 이 모두는 일본식 주택이었지만 개량한옥은 한옥 형태로 지어졌다.

1910년대부터 일제강점기 내내 경성은 최대 도시로 성장하면서 인구가 빠르게 증가했다. 1920년대 초 약 20만 명이던 인구가 1930년대 중반에는 70만 명에 육박했다. 10~20년 사이 3~4배 이상 폭증한 것이다. 전통가옥인 한옥은 주로 대규모 필지에 단독주택 형태였으나, 빠른 인구 증가에 따라 필지 분할과 셋집에 대한 수요가 급증했다. 이때 일본인 토지 소유자 중심의 개발 정책은 도시 서민층의 주택 공급에 한계를 보였다. 또한 이 시기에 공무원, 교사, 중소 상공인, 전문직이 주류를 이루는 도시 중산층도 성장하고 있었다. 안정된 직업과 소득을 바탕으로 근대적이고 위생적인 주택에 대한 수요가 증가할 무렵이었다. 아궁이와 외부 화장실 등 전통 한옥의 불편한 생활 조

건을 개선하고자 하는 욕구가 강했고 입식 생활, 실내 화장실, 욕실, 식사와 수면이 분리된 방 구조 등 근대적 시설과 가족 중심의 공간 구성이 필요할 때였다.

1930년대 조선 사회는 전통과 근대가 충돌하는 격변기였고 이 시기의 대표적인 키워드 중 하나가 개량改善이었다. 일본에서 문화 담론이 있었다면 조선에서는 개량 담론이 크게 유행했다. 개량복, 개량학교, 개량부엌이 등장했고 이는 단지 물리적 형태의 개선만을 의미하지 않고, 근대적 삶의 태도와 사회적 변화를 반영하는 문화 코드로 자리 잡았다. 1920~1930년대 조선은 도시화와 산업화 및 교육 확산이 급속히 진행되었다. 기존 전통문화와 생활양식에 대한 비판적 성찰과 근대화에 대한 변화 요구가 사회 전반에 확산되던 시기였다. 개량은 낡고 비위생적이고 비효율적인 것에서 벗어나 위생적이고 효율적이며 세련된 것으로의 전환을 상징했다. 개량한복과 개량학교가 나오던 시기에 보다 개선된 개량한옥이 등장했다.

개량한옥은 40~50평의 작은 필지에 중정형 주택으로 지어졌다. 본래 고밀한 도심주거에 적응하자면 주택은 내부 안마당을 갖는 형태로 지어지는 것이 일반적이다. 앞서 살펴본 도무스가 그러했고 팔라초도 마찬가지였는데, 개량한옥 역시 고밀한 도심에 적응하기 위해 내부 안마당을 갖는 ㅁ자형 혹은 ㄷ자형으로 지어졌다. 본래 전통한옥은 지역별로 다른 형태였는데, 전라와 경상의 남부지역에서는 안채나 사랑채, 행랑채가 대개 ㅡ자로 지어지곤 했다. 한편 서울과 경기 지역에서는 안채가 ㄱ자형으로 지어지는데 여기에 ㅡ자형의 사랑채가 덧붙어 ㄷ자로 지어지거나 혹은 ㄱ자와 ㄴ자가 맞붙어 ㅁ자 형태로 진화한 것이라 볼 수 있다.

한편 협소한 대지면적에 적응하기 위해 내부 형태도 변화를 겪었다. 대청마루를 중심으로 안방과 건넌방이 자리잡는 ㄱ자형 안채는 큰 변화가 없지만 별도로 독립된 사랑채, 행랑채는 사랑방, 문간방으로 대체되었다. 대신 세세한 형태에서 화려한 치장을 하는 등 상류주택을 모방한 요소들이 눈에 띈다. 함석 차양을 설치하거나 봉황머리 형태의 물받이 홈통을 사용한 것이 대표적이다. 한편으로 마루에 유리문을 달아 겨울철에도 거실로 사용할 수 있게 하였다. 여러모로 개량되어 개량한옥이라 불리는 이 주택의 정확한 명칭은 도시형 한옥이라 하겠다. 이러한 도시형 한옥은 해방 후 1960~1970년대까지 서울을 비롯한 대도시 지역에 지어졌다.

6·25전쟁 후 서울은 대규모 피난민 유입으로 인구 폭발을 겪었다. 급속한 산업화와 도시화 과정에서 주택 부족이 심각한데 주택 공급이 이를 따라가지 못해 자가 건축에 대한 수요가 증가했다. 1960~1970년대 서울 도심 주변에서 좁은 필지에 맞춘 개량한옥이 대량 건축되었다. 전통한옥의 기본 골격을 유지하되 슬레이트 지붕, 시멘트 벽체, 입식 부엌과 욕실, 현대적 위생시설을 도입한 것이다. 가족 단위 주거 공간이 축소되고, 이른바 '셋방살이'라 불리는 임대용 다가구 한옥도 증가했다. 대지 내 마당은 최소화하거나 아예 없애고, 대신 옥상이나 좁은 뒷마당을 활용했다.

도시형 한옥은 우리나라 주택에서 처음 등장한 기성주택이자 상품주택이었다. 그전까지 주택의 생산은 집주인이 목수에게 의뢰하여 짓는 일대일 맞춤생산 주택이 대부분이었다. 하지만 도시형 한옥은 집장수라 불리는 주택생산업자들이 미리 지어놓은 것을 구매하는 형태의 상품주택이었다. 지금 우리는 빌라든 아파트이든 미리 지어놓은 집을, 다시 말해 상품으로서의 기성주택을 구매하는 경우가 대부분이다. 그 효시가 1920~1930년대 도시형 한옥이라 할 수 있다.

아울러 도시형 한옥은 한옥이 도시에서도 지어질 수 있다는 가능성을 보여주었다. 한옥은 전통적으로 농촌이나 사대부가, 시골 종가처럼 대지가 비교적 넓은 경우에 적합한 것으로 인식되어왔다. 그러나 도시형 한옥은 좁은 필지에 부엌과 대청마루, 서너 개의 침실을 갖는 도시 중산층의 주거유형을 만들어냈다. 본디 서울과 경기 지역에 널리 분포하던 ㄱ자형 집이 고밀한 도심주거로 진화한 유형이라 할 수 있으며, 한옥도 얼마든지 도시의 집이 될 수 있다는 가능성을 보여주었다.

카페와 식당, 상점으로 개조되는 한옥

요즘 북촌이나 서촌의 한옥이 카페, 식당, 특색 있는 상점으로 변화하고 있다. 기둥만 남겨놓고 모든 벽체를 헐어낸 다음 유리 쇼윈도를 설치하는 경우도 늘었다. 이는 한옥만이 가능한 특징으로, 주로 기둥과 보, 서까래 등 전통적인 목재 뼈대만 남겨놓고 나머지를 수리한 것이다.

일반적으로 건축은 기둥식 구조와 벽식 구조로 크게 나눌 수 있다. 기둥식 구조는 말 그대로 기둥이 하중을 받는 구조인데, 대표적인 예가 그리스 신전으로 커다란 지붕을 받치기 위해 수많은 기둥이 사용된 것을 볼 수 있다. 한편 벽식 구조는 기둥이 아니라 벽체가 하중을 받는 형식이다. 대표적인 예가 로마의 건축물들이다. 판테온, 콜로세움 같은 대형건물에서 기둥이 보이지 않는 이유는 육중한 벽체가 기둥 노릇을 하기 때문이다.

현대 건축에서는 아파트가 대표적인 벽식 구조 건축물이다. 아파트 내부에서 기둥은 보이지 않고, 벽체가 기둥 노릇을 한다. 그래서 벽체를 헐어내는 것은 기둥을 헐어내는 것만큼이나 위험하다. 아파트 내부 인테리어를 아무리 화려하게 한다 한들, 화장실과 주방을 수리하고 벽지와 바닥재를 교체할 뿐 벽체를 헐어 방 크기를 넓히거나 줄이는 일은 할 수 없다. 반면 오피스 빌딩은 기둥식 구조가 많다. 그래서 내부수리 중인 상가나 오피스 건물을 보면 기둥만 남겨둔 채 모든 벽체를 헐어낸 것을 볼 수 있다.

식당과 카페로 변한 개량한옥. 전통한옥은
기둥식 구조여서 기둥만 남기고 벽체를
헐어냈다.

2칸의 방을 터서 만든 식당. 기둥식 구조의
한옥은 내부 수리가 보다 자유롭다.

(도판출처: 서윤영)

상점으로 변한 개량한옥. 기둥식 구조의
한옥이어서 수리가 보다 자유롭다.

(도판출처: 서윤영)

한옥은 대표적인 기둥식 구조 건축으로, 흔히 가구체 구조架構體 構造라고도 한다. 따라서 기둥은 건드리지 않는 선에서 모든 벽체를 헐고 얼마든지 재구성할 수 있다. 가회동이나 익선동의 힙한 상점들은 이러한 장점으로 탄생할 수 있었다. 기존의 좁은 방의 벽체를 모두 헐고 넓은 방을 만들어 식당으로 개조할 수 있고, 벽체를 헐어낸 자리에 유리 쇼윈도를 만들어 상점으로 개조할 수도 있다. 1920~1930년대 지은 개량한옥들은 100년의 시간을 뛰어넘어 지금도 여전히 개량되는 중이다.

에필로그

21세기 한국의 대표적인 주거유형은 아파트여서 대도시는 물론 농촌지역까지 아파트가 즐비하다. 아파트의 면적은 소형인 25평형, 국민주택이라 할 수 있는 33평형 그리고 중대형인 40~50평형대가 일반적이다. 물론 아주 고급인 아파트의 경우에는 80~100평대도 있겠지만 예외적인 경우에 속한다. 만약 누군가 현재 한국의 주거문화에 대해 설명하고자 한다면 위와 같이 서술할 것이다.

중소형에 속하는 25~33평형의 경우 주방 및 거실, 2개의 욕실 그리고 3개의 침실로 이루어진 것이 보통이다. 그 이유는 인구가 폭증하던 1960~1970년대 정부에서 내세운 가족계획 슬로건이 "딸 아들 구별 말고 둘만 낳아 잘 기르자"였기 때문이다. 부부와 두 자녀로 이루어진 4인 가족이 정책결정의 모델이 되면서 모든 것이 4인 가족 기준으로 계획되었다.

아울러 "둘만 낳아 잘 기르자"는 건축적으로 "두 명의 자녀에게 각자 독방을 주자"로 번역되어 부부공동의 침실 하나와 자녀 침실 2개로 이루어진 방 3개짜리 아파트가 국민주택으로 자리 잡게 된 것이다. 그리고 이는 중대형 아파트도 마찬가지여서 침실의 개수가 예닐곱 개로 늘어나는 것이 아니고 4~5개로 구성되는 것이 일반적이다. 현재 우리나라는 대가족 제도가 사실상 해체되었고 집 안에 하인을 두는 경우가 거의 없기 때문이다.

그런데 현재의 아파트는 100년 전 문화주택의 방 구성과 미묘한 차이를 보인다. 문화주택의 방 개수는 3~4개로 비슷했지만 가장실, 주부실, 응접실, 자녀방, 하녀방으로 이루어져 있기 때문이다. 당시의 자녀들은 한 집에 서너 명이 보통이었는데, 그렇다면 자녀들은 성별과 연령에 관계없이 모두 한방을 썼다는 것인지 조금 의아해지는 부분

이다. 이처럼 주택은 당시의 사회상을 민감하게 반영하고
있다.

한편 21세기인 지금 가족 관계가 미묘하게 변하고 있
다. 4인 가족이라는 말이 무색하게 1~2인 가구가 증가하
고 있으며 자녀의 수도 줄어 무자녀이거나 한 명인 경우
도 많다. 그러다 보니 반려동물을 키우는 집이 늘어 제일
작은 방 하나를 강아지방이나 고양이방으로 할애하는 경
우도 생기고 있다. 그뿐 아니라 노인가구가 많아지는 고령
화 사회로 접어들었고 1~2인 가구의 수는 더욱 증가할 것
으로 보인다.

그렇다면 이러한 변화를 주택은 또 어떻게 반영할 것인
가? 미래는 항상 뿌연 베일로 얼굴을 가린 채 천천히 다가
오고 있고, 우리는 그것이 어떤 모습이든 기꺼이 받아들일
준비를 해야 한다.